em que ponto estamos?
a epidemia como política

EM QUE PONTO ESTAMOS?
A epidemia como política
título original: *A che punto siamo? L'epidemia come politica*
Giorgio Agamben

© Giorgio Agamben, 2020
© n-1 edições, 2021
ISBN 978-65-86941-55-5

Embora adote a maioria dos usos editoriais do âmbito brasileiro, a n-1 edições não segue necessariamente as convenções das instituições normativas, pois considera a edição um trabalho de criação que deve interagir com a pluralidade de linguagens e a especificidade de cada obra publicada.

COORDENAÇÃO EDITORIAL Peter Pál Pelbart e Ricardo Muniz Fernandes
DIREÇÃO DE ARTE Ricardo Muniz Fernandes
TRADUÇÃO Cláudio Oliveira
ASSISTÊNCIA EDITORIAL Inês Mendonça
EDIÇÃO EM LATEX Paulo Henrique Pompermaier
CAPA E PROJETO GRÁFICO Luan Freitas

A reprodução parcial deste livro sem fins lucrativos, para uso privado ou coletivo, em qualquer meio impresso ou eletrônico, está autorizada, desde que citada a fonte. Se for necessária a reprodução na íntegra, solicita-se entrar em contato com os editores.

1ª edição | Agosto, 2021
n-1edicoes.org

em que ponto estamos?
a epidemia como política

giorgio agamben

n-1 edições

TRADUÇÃO Cláudio Oliveira

7	Advertência
11	A invenção de uma epidemia
15	Contágio
19	Esclarecimentos
23	Em que ponto estamos?
25	Reflexões sobre a peste
27	A epidemia mostra que o estado de exceção se tornou a regra
33	Distanciamento social
37	Uma pergunta
41	A vida nua
45	Novas reflexões
49	Sobre o verdadeiro e sobre o falso
51	A medicina como religião
57	Biossegurança e política
61	*Polemos epidemios*
73	Réquiem para os estudantes
77	Dois vocábulos infames
81	O direito e a vida
85	Estado de emergência e estado de exceção
89	Filosofia do contato
91	A guerra e a paz
93	O que é o medo?
101	A vida nua e a vacina
105	Gaia e Ctônia

Advertência

> O navio está afundando e nós discutimos sobre a sua carga.[1]
>
> JERÔNIMO

Reuni aqui os textos que escrevi durante os meses do estado de exceção pela emergência sanitária. Trata-se de intervenções pontuais, às vezes muito breves, que procuram refletir sobre as consequências éticas e políticas da assim considerada pandemia e, ao mesmo tempo, de definir a transformação dos paradigmas políticos que as medidas de exceção estavam desenhando.

Transcorridos agora mais de quatro meses desde o início da emergência,[2] é tempo, com efeito, de considerar os eventos dos quais fomos testemunhas em uma perspectiva histórica mais ampla. Se os poderes que governam o mundo decidiram aproveitar o pretexto de uma pandemia – a essa altura, não importa se verdadeira ou simulada – para transformar de cima a baixo os paradigmas do seu governo dos homens e das coisas, isso significa que aqueles modelos se encontravam, aos olhos desses mesmos

---

1. *Fracta nave de mercibus disputo.* São Jerônimo, *Epístola* 123.15.1. Esta e todas as demais notas deste volume foram incluídas pelo tradutor.
2. Agamben escreve esta *Advertência* em junho de 2020, quando é publicado na Itália o livro que reúne os textos que ele tinha escrito até então (Agamben, G. *A que punto siamo? L'epidemia come politica.* Macerata: Quodlibet, 2020). Para a presente edição, foram acrescentados àqueles textos outros que Agamben publicou posteriormente em seu blog *Una voce*, seguindo a orientação do autor.

poderes, em um progressivo e inexorável declínio, e não eram mais, então, adequados às novas exigências. Assim como, frente à crise que convulsionou o Império Romano no século III, Diocleziano e, depois, Constantino empreenderam aquelas radicais reformas das estruturas administrativas, militares e econômicas que deveriam culminar na autocracia bizantina, do mesmo modo os poderes dominantes decidiram abandonar sem remorsos os paradigmas das democracias burguesas, com seus direitos, parlamentos e constituições, para substituí-los por novos dispositivos dos quais mal podemos entrever o desenho, provavelmente ainda não totalmente claro nem ao menos para aqueles que estão traçando-lhes as linhas.

O que define, porém, a Grande Transformação que eles procuram impor é que o instrumento que a tornou formalmente possível não é um novo cânone legislativo, mas o estado de exceção, isto é, a pura e simples suspensão das garantias constitucionais. Nisso, ela apresenta pontos de contato com o que aconteceu na Alemanha em 1933, quando o novo chanceler Adolf Hitler, sem abolir formalmente a constituição de Weimar, declarou um estado de exceção que durou doze anos e que, de fato, anulou as prescrições constitucionais mantidas aparentemente em vigor. Enquanto na Alemanha nazista foi necessário, para esse fim, a formação de um aparato ideológico explicitamente totalitário, a transformação da qual somos testemunhas opera por meio da instauração de um puro e simples terror sanitário e de uma espécie de religião da saúde. Aquilo que, na tradição das democracias burguesas, era um direito do cidadão à saúde se inverte, sem que as pessoas pareçam se dar conta disso, em uma obrigação jurídico-religiosa que deve ser cumprida a qualquer preço. Tivemos amplamente meios de ter a medida de quão alto pode ser esse preço e continuaremos presumivelmente a fazê-lo toda vez que o governo o considerar novamente necessário.

Podemos chamar de "biossegurança" o dispositivo de governo que resulta da conjunção entre a nova religião da saúde e o poder estatal com o seu estado de exceção. Ele é provavelmente o mais eficaz que a história do Ocidente conheceu até agora. A experiência mostrou, com efeito, que, uma vez que esteja em questão uma ameaça à saúde, os homens parecem dispostos a aceitar limitações da liberdade que jamais tínhamos sonhado poder tolerar, nem durante as duas guerras mundiais nem sob as ditaduras totalitárias. O estado de exceção, que foi prolongado até janeiro de 2021, será recordado como a mais longa suspensão da legalidade na história do país, implementada sem que nem os cidadãos nem, sobretudo, as instituições parlamentares tenham tido nada a objetar. Depois do exemplo chinês, foi precisamente a Itália, para o Ocidente, o laboratório no qual a nova técnica de governo foi experimentada em sua forma mais extrema. E é provável que, quando os historiadores futuros tiverem esclarecido o que estava verdadeiramente em jogo na pandemia, esse período apareça como um dos momentos mais vergonhosos da história italiana, e aqueles que o conduziram e governaram, como irresponsáveis carentes de qualquer escrúpulo ético.

Se o dispositivo jurídico-político da Grande Transformação é o estado de exceção e seu dispositivo religioso, a ciência, no plano das relações sociais, confiou sua eficácia à tecnologia digital, que, como é hoje evidente, faz sistema com o "distanciamento social" que define a nova estrutura das relações entre os homens. As relações humanas deverão evitar, em todas as ocasiões, tanto quanto possível, a presença física e acontecer, como já de fato frequentemente acontecia, por meio de dispositivos digitais cada vez mais eficazes e invasivos. A nova forma da relação social é a conexão, e quem não está conectado é tendencialmente excluído de todo vínculo e condenado à marginalidade.

O que constitui a força da transformação em curso é também, como frequentemente ocorre, sua fraqueza. A difusão do terror sanitário precisou de um aparato midiático concorde e sem falhas, que não será fácil manter intacto. A religião médica, como toda religião, tem suas heresias e dissensos, e vozes respeitáveis, vindas de muitas partes, já contestaram a realidade e a gravidade da epidemia, as quais não poderão ser indefinidamente sustentadas por meio da difusão cotidiana de cifras carentes de qualquer consistência científica. E é provável que os primeiros a se darem conta disso sejam precisamente os poderes dominantes, que, se não pressentissem estar em perigo, certamente não teriam recorrido a dispositivos tão extremos e desumanos. Há décadas está em andamento uma progressiva perda de legitimidade dos poderes institucionais, que estes não puderam deter senão por meio da produção de uma perpétua emergência e da necessidade de segurança que esta gera. Por quanto tempo ainda, e segundo quais modalidades, poderá ser prolongado o atual estado de exceção? O que é certo é que serão necessárias novas formas de resistência, com as quais deverão se comprometer sem reservas aqueles que não renunciam a pensar uma política por vir, que não terá nem a forma obsoleta das democracias burguesas nem aquela do dispositivo tecnológico-sanitário que as está substituindo. ∎

A invenção de uma epidemia

Frente às frenéticas, irracionais e totalmente injustificadas medidas de emergência por causa de uma suposta epidemia devida ao coronavírus, deve-se partir das declarações do CNR,[1] segundo as quais não apenas "não há uma epidemia de Sars-CoV-2 na Itália", mas, de qualquer modo, "a infecção, a partir dos dados epidemiológicos hoje disponíveis sobre dezenas de milhares de casos, causa sintomas leves/moderados (um tipo de gripe) em 80-90% dos casos. Em 10-15% pode-se desenvolver uma pneumonia, cujo curso é, porém, benigno na absoluta maioria. Calcula-se que somente 4% dos pacientes necessitem de internação em terapia intensiva".

Se esta é a situação real, por que a mídia e as autoridades se empenham em difundir um clima de pânico, provocando um verdadeiro e autêntico estado de exceção, com graves limitações dos movimentos e uma suspensão do funcionamento normal das condições de vida e de trabalho em regiões inteiras?

Dois fatores podem ajudar a explicar um comportamento tão desproporcional. Em primeiro lugar, se manifesta mais uma vez a tendência crescente de usar o estado de exceção como paradigma normal de governo. O decreto-lei imediatamente aprovado pelo governo "por razões de higiene e de segurança pública" resulta, de fato, em uma verdadeira e autêntica militarização "dos municípios e das áreas nas quais pelo menos uma pessoa dê resultado positivo sem que se conheça a fonte de transmissão ou nos quais

---

1. *Consiglio Nazionale delle Ricerche* (Conselho Nacional das Pesquisas).

haja um caso não atribuível a uma pessoa proveniente de uma área já afetada pelo contágio do vírus". Uma fórmula tão vaga e indeterminada permitirá estender rapidamente o estado de exceção a todas as regiões, já que é quase impossível que outros casos não se verifiquem em outros lugares. Consideremos as graves limitações da liberdade previstas pelo decreto: a) proibição de afastar-se do município ou da área afetada a todos os indivíduos presentes no município ou na área; b) proibição de acesso ao município ou à área afetada; c) suspensão de manifestações ou iniciativas de qualquer natureza, de eventos e de toda forma de reunião em um lugar público ou privado, inclusive de natureza cultural, recreativa, esportiva e religiosa, ainda que ocorra em local fechado aberto ao público; d) suspensão dos serviços educativos para crianças e escolas de todos os tipos e níveis, bem como da frequência das atividades escolares e de formação superior, exceto atividades de ensino à distância; e) suspensão dos serviços de abertura ao público dos museus e de outros institutos e locais culturais a que se refere o artigo 101.º do Código do Patrimônio Cultural e da Paisagem, nos termos do Decreto Legislativo de 22 de janeiro de 2004, n.º 42, bem como a eficácia das disposições regulamentares sobre o acesso livre e gratuito a tais instituições e locais; f) suspensão de qualquer viagem educacional, tanto na Itália quanto no exterior; g) suspensão dos processos de falência e da atividade de função pública, sem prejuízo da prestação de serviços essenciais e de utilidade pública; h) aplicação da medida de quarentena com vigilância ativa entre os indivíduos que tiveram contato próximo com casos confirmados de doença infecciosa disseminada.

A desproporção diante daquilo que, segundo o CNR, é uma gripe normal, não muito diferente daquela que é recorrente, todos os anos, salta aos olhos. Dir-se-ia que, esgotado o terrorismo como causa de medidas de exceção, a invenção de uma epidemia possa oferecer o pretexto ideal para ampliá-las além de qualquer limite.

O outro fator, não menos inquietante, é a condição de insegurança e medo que nos últimos anos se alastrou de modo evidente nas consciências dos indivíduos e que se traduz em uma verdadeira e autêntica necessidade de estados de pânico coletivo, à qual a epidemia oferece mais uma vez o pretexto ideal. Dir-se-ia que uma gigantesca onda de medo, causada pelo menor ser existente, esteja percorrendo a humanidade, e os poderosos do mundo a conduzem e orientam segundo seus fins. Assim, em um perverso círculo vicioso, a limitação da liberdade imposta pelos governos é aceita em nome de um desejo de segurança que foi induzido pelos mesmos governos que agora intervêm para satisfazê-lo.

Il manifesto, *26 de fevereiro de 2020*

Contágio

> O untador![1] Pega! Pega! Pega o untador!
> ALESSANDRO MANZONI, *Os noivos*[2]

Uma das consequências mais desumanas do pânico que se procura com todos os meios difundir na Itália por ocasião da assim considerada epidemia do coronavírus está na própria ideia de contágio, que está na base das excepcionais medidas de emergência adotadas pelo governo. A ideia, que era estranha à medicina hipocrática, tem o primeiro precursor inconsciente durante as pragas que entre 1500 e 1600 devastaram algumas cidades italianas. Trata-se da figura do *untador*, imortalizada por Manzoni tanto em seu romance quanto no ensaio sobre a *História da coluna infame*. Um "decreto"[3] milanês por causa da peste de 1576 os descreve deste modo, convidando os cidadãos a denunciá-los:

---

1. No original, *untore*. Assim eram chamados, durante a peste de Milão, no século XVII, aqueles que eram suspeitos de difundir a epidemia *untando* paredes e portas com substâncias infectadas.
2. Manzoni, Alessandro. *Os noivos*. Incluindo a *História da Coluna Infame*. Trad. Francisco Degani. São Paulo: Nova Alexandria, 2012, p. 492.
3. No original, *grida*. Decreto emitido antigamente por autoridades locais e levado a conhecimento do público por pessoas que liam em voz alta nas ruas o seu conteúdo.

> Tendo chegado a conhecimento do governador que algumas pessoas com fraco zelo pela caridade e para espalhar terror e medo no povo e nos habitantes desta cidade de Milão, e para incitá-los a algum tumulto, têm ungido com untos, que dizem ser pestíferos e contagiosos, as portas e os ferrolhos das casas e as esquinas dos bairros da dita cidade e outros lugares do Estado, sob pretexto de levar a peste ao privado e ao público, donde resultam muitos inconvenientes, e não poucas alterações entre as pessoas, principalmente àqueles que são facilmente persuadidos a acreditar em tais coisas, se faz saber, da sua parte, a qualquer pessoa, qualquer que seja a sua qualidade, estado, nível e condição, que no prazo de quarenta dias apurar a pessoa ou pessoas que favoreceram, ajudaram ou souberam de tal insolência, se lhe darão quinhentos escudos...

Feitas as devidas diferenças, as recentes disposições (tomadas pelo governo com decretos que gostaríamos de esperar – mas é uma ilusão – que não fossem confirmados pelo parlamento na forma de leis nos termos previstos) transformam de fato todo indivíduo em um potencial untador, exatamente como aquelas sobre o terrorismo consideravam de fato e de direito todo cidadão como um terrorista em potência. A analogia é tão clara que o potencial untador que não se atenha às prescrições é punido com a prisão. Particularmente malvista é a figura do portador são e precoce, que contagia uma multiplicidade de indivíduos sem que possamos nos defender dele, como podíamos nos defender do untador.

Ainda mais tristes que as limitações das liberdades implícitas nas disposições é, a meu ver, a degeneração das relações entre os homens que elas podem produzir. O outro homem, quem quer que ele seja, mesmo uma pessoa querida, não deve ser nem abordado nem tocado, deve-se, antes, colocar entre nós e ele uma distância que segundo alguns é de um metro, mas, segundo as últimas recomendações dos considerados especialistas, deveria ser de 4,5 metros (interessantes esses cinquenta centímetros!). O nosso próximo foi abolido. É possível, dada a inconsistência ética dos nossos governantes, que essas disposições sejam ditadas, naqueles que as decretaram, pelo mesmo medo que eles têm a intenção de provocar, mas é difícil não pensar que a situação que eles criam é exatamente aquela que quem nos governa tentou muitas vezes realizar: que se fechem de uma vez por todas as universidades e as escolas e se deem aulas somente online, que se pare de se reunir e de falar por razões políticas ou culturais e que se troquem apenas mensagens digitais, que, onde quer que seja possível, as máquinas substituam todo contato – todo contágio – entre os seres humanos.

11 de março de 2020

Esclarecimentos

Um jornalista italiano se dedicou, segundo o bom uso de sua profissão, a distorcer e falsificar minhas considerações sobra a confusão ética na qual a epidemia está lançando o país, em que não se tem mais consideração nem mesmo pelos mortos. Assim como não importa citar seu nome, tampouco vale a pena retificar as previsíveis manipulações. Quem quiser pode ler meu texto *Contagio* no site da editora Quodlibet. Em vez disso, publico aqui outras reflexões, que, apesar de sua clareza, serão presumivelmente, também estas, falsificadas.

O medo é um mau conselheiro, mas faz aparecer muitas coisas que se fingia não ver. A primeira coisa que a onda de pânico que paralisou o país mostra com evidência é que nossa sociedade não crê mais em nada a não ser na vida nua. É evidente que os italianos estão dispostos a sacrificar praticamente tudo – as condições normais de vida, as relações sociais, o trabalho, até mesmo as amizades, os afetos e as convicções religiosas e políticas – frente a um perigo de adoecer que, ao menos por ora, não é estatisticamente sequer tão grave. A vida nua – e o medo de perdê-la – não é algo que une os homens, mas os cega e separa. Os outros seres humanos, como na peste descrita por Manzoni, são agora vistos apenas como possíveis untadores que se deve a qualquer preço evitar e dos quais é necessário manter-se à distância de pelo menos um metro. Os mortos – os nossos mortos – não têm direito a um funeral, e não é claro o que acontece com os cadáveres das pessoas que nos são caras. Nosso próximo foi apagado, e é curioso que as igrejas se calem a respeito disso. O que se tornam as relações humanas em um país que se habitua a viver desse modo não se sabe por quanto tempo? E o que é uma sociedade que não tem outro valor senão a sobrevivência?

A outra coisa, não menos inquietante que a primeira, que a epidemia faz aparecer com clareza é que o estado de exceção, ao qual os governos nos habituaram já há algum tempo, se tornou de fato a condição normal. Houve no passado epidemias mais graves, mas jamais alguém tinha pensado em declarar por isso um estado de emergência como o atual, que nos impede até mesmo de nos mover. Os homens estão tão acostumados a viver em condições de crise permanente e de emergência perene que não parecem se dar conta de que a vida deles foi reduzida a uma condição puramente biológica e perdeu toda dimensão não apenas social e política, mas até mesmo humana e afetiva. Uma sociedade que vive em um estado de emergência perene não pode ser uma sociedade livre. Nós de fato vivemos em uma sociedade que sacrificou a liberdade pelas assim consideradas "razões de segurança" e se condenou por isso a viver em um estado de medo e de insegurança perene.

Não surpreende que, por causa do vírus, se fale de guerra. As medidas de emergência nos obrigam de fato a viver em condições de toque de recolher. Mas uma guerra com um inimigo invisível que pode se esconder em qualquer outro homem é a guerra mais absurda. É, na verdade, uma guerra civil. O inimigo não está fora, está dentro de nós.

O que preocupa não é tanto ou não apenas o presente, mas o depois. Assim como as guerras deixaram como herança à paz uma série de tecnologias nefastas, do arame farpado às centrais nucleares, do mesmo modo é muito provável que se buscará continuar, mesmo depois da emergência sanitária, os experimentos que os governos não tinham conseguido realizar antes: os dispositivos digitais substituirão, assim, nas escolas, nas universidades e em qualquer lugar público, a presença física, que permanecerá confinada, com as devidas precauções, na esfera privada e no recinto doméstico. Está em questão, portanto, nada menos que a pura e simples abolição de todo espaço público.

17 de março de 2020

Em que ponto estamos?

O que significa viver na situação de emergência em que nos encontramos? Significa, claro, ficar em casa, mas também não se deixar tomar pelo pânico que as autoridades e a mídia difundem com todos os meios e se lembrar que o outro homem não é apenas um untador e um possível agente de contágio, mas em primeiro lugar o nosso próximo, a quem devemos amor e socorro. Significa, claro, ficar em casa, mas também ficar lúcido e se perguntar se a emergência militarizada que foi proclamada no país não é também, entre outras coisas, um modo de descarregar sobre os cidadãos a gravíssima responsabilidade na qual incorreram os governos ao desmantelar o sistema de saúde. Significa, claro, ficar em casa, mas também fazer ouvir a própria voz e pedir que sejam restituídos aos hospitais públicos os meios dos quais foram privados e recordar aos juízes que ter destruído o sistema nacional de saúde é um crime infinitamente mais grave que sair de casa sem o formulário de autocertificação.[1]

Significa, finalmente, se perguntar o que faremos, como retomaremos a vida quando a emergência tiver passado, porque o país precisa voltar a viver, independentemente do parecer nada unânime dos virologistas e dos especialistas improvisados. Mas uma coisa é certa: não poderemos simplesmente recomeçar a fazer tudo como antes, não poderemos, como fizemos até agora,

---

1. Formulário obrigatório, na Itália, para justificar o deslocamento, durante o toque de recolher, fora do município e da região.

fingir não ver a situação extrema à qual a religião do dinheiro e a cegueira dos administradores nos conduziram. Se a experiência que atravessamos serviu para alguma coisa, nós deveremos reaprender muitas coisas que esquecemos. Teremos, antes de mais nada, que olhar de um modo diferente para a terra em que vivemos e para as cidades em que moramos. Teremos que nos perguntar se faz sentido, como seguramente nos dirão para fazer, recomeçar a adquirir as mercadorias inúteis que a publicidade tentará, como antes, nos impor e se não seria talvez mais útil estarmos em condições de nos prover, nós mesmos, ao menos algumas necessidades elementares, em vez de depender do supermercado para qualquer coisa de que precisemos. Teremos que nos perguntar se é justo subir novamente nos aviões que nos conduzirão para férias em lugares remotos e se não seria talvez mais urgente aprender novamente a habitar os lugares onde vivemos, a olhar para eles com olhos mais atentos. Porque nós perdemos a capacidade de habitar. Aceitamos que nossas cidades e nossos vilarejos fossem transformados em parques de diversão para os turistas, e, agora que a epidemia fez desaparecer os turistas e as cidades que tinham renunciado a qualquer outra forma de vida foram reduzidas a não lugares espectrais, devemos entender que era uma escolha errada, como quase todas as escolhas que a religião do dinheiro e a cegueira dos administradores nos sugeriram fazer.

Teremos, em uma palavra, que nos colocar seriamente a única pergunta que conta, que não é, como repetem há séculos os falsos filósofos, "de onde viemos" ou "para onde vamos?", mas, simplesmente, "em que ponto estamos?". Esta é a pergunta à qual deveremos tentar responder, do modo que pudermos e onde quer que estejamos, mas, em todo caso, com a nossa vida e não apenas com as palavras.

20 de março de 2020
Texto solicitado e posteriormente recusado pelo jornal Corriere della Sera

Reflexões sobre a peste

As reflexões que se seguem não dizem respeito à epidemia, mas àquilo que podemos entender das reações dos homens a ela. Trata-se, portanto, de refletir sobre a facilidade com que uma sociedade inteira aceitou sentir-se empestada, isolar-se em casa e suspender suas condições normais de vida, suas relações de trabalho, de amizade, de amor e até mesmo suas convicções religiosas e políticas. Por que não houve, como, no entanto, seria de se imaginar e como normalmente acontece nesses casos, protestos e oposições? A hipótese que gostaria de sugerir é que, de algum modo, mesmo que seja inconscientemente, a peste já estava aí e que, evidentemente, as condições de vida das pessoas tinham se tornado tais que bastou um sinal imprevisto para que elas aparecessem como o que de fato eram – isto é, intoleráveis, exatamente como uma peste. E isso, em certo sentido, é o único dado positivo que se pode tirar da situação presente: é possível que, mais tarde, as pessoas comecem a se perguntar se o modo em que viviam era justo.

E aquilo sobre o que não devemos deixar de refletir é a necessidade de religião que a situação faz aparecer. É indício disso, no discurso martelante da mídia, a terminologia tomada de empréstimo ao vocabulário escatológico que, para descrever o fenômeno, recorre obsessivamente, sobretudo na imprensa americana, à palavra "apocalipse" e evoca, com muita frequência de modo explícito, o fim do mundo. É como se a necessidade religiosa, que a Igreja não é mais capaz de satisfazer, procurasse às cegas um outro lugar para se constituir e o encontrasse naquela que se tornou hoje, de fato, a religião do nosso tempo: a ciência. Esta, como toda religião, pode produzir superstição e medo ou, de qualquer modo, ser usada para difundi-los. Nunca antes se assistiu, como hoje, ao espetáculo, típico das religiões em momentos de crise, de opiniões e prescrições diferentes e contraditórias, que vão da posição herética minoritária (mesmo que representada por cientistas de prestígio) de quem nega a gravidade do fenômeno até o discurso ortodoxo dominante que o afirma e, todavia, diverge com frequência de modo radical quanto às modalidades de enfrentá-lo. E, como sempre nesses casos, alguns especialistas ou aqueles que se dizem tais conseguem assegurar para si o favor do monarca que, como nos tempos das disputas religiosas que dividiam a cristandade, toma partido, segundo seus próprios interesses, por uma corrente ou por outra e impõe suas medidas.

Uma outra coisa que nos faz pensar é o evidente colapso de todas as convicções e crenças comuns. Dir-se-ia que os homens não acreditam mais em nada – exceto na existência biológica nua que se deve a qualquer preço salvar. Mas sobre o medo de perder a vida se pode fundar apenas uma tirania, apenas o monstruoso Leviatã com sua espada desembainhada.

Por isso – uma vez que a emergência, a peste, for declarada terminada, se é que o será – não creio que, ao menos para quem conservou um mínimo de lucidez, será possível voltar a viver como antes. E esta é, hoje, a coisa mais desesperadora – mesmo se, como foi dito, "apenas para quem não tem mais esperança foi dada a esperança".[1]

27 de março de 2020

---

[1]. "Nur um der Hoffnungslosen willen ist uns die Hoffnung gegeben". Walter Benjamin, "Goethes Wahlverwandtschaften". In: *Gesammelte Schriften*. Frankfurt Am Main: Suhrkamp, 1991, v. I, tomo 1, p. 201. Agamben segue a tradução italiana de Renato Solmi para a última frase do ensaio de Benjamin (*Opere Complete di Walter Benjamin*. Torino: Einaudi, 2008, v. I, p. 589). A edição brasileira, mais fiel ao texto alemão, traduz: "Apenas em virtude dos desesperançados nos é concedida a esperança." Walter Benjamin, "*As afinidades eletivas* de Goethe". In: *Ensaios reunidos: escritos sobre Goethe*. Trad. Monica Krausz Bornebusch et al. São Paulo: Duas Cidades; Ed. 34, 2009, p. 121.

A epidemia mostra que o estado de exceção se tornou a regra

Em um texto publicado no jornal il manifesto, o senhor escreveu que a pandemia de Covid-19 era uma suposta epidemia, nada mais que uma espécie de gripe. Levando em conta o número de vítimas e a rapidez de propagação do vírus, em particular na Itália, se arrepende dessas afirmações?

Não sou virologista nem médico, e, no artigo em questão, não fazia senão citar textualmente aquelas que eram naquele momento (cerca de um mês atrás) as opiniões do Conselho Nacional de Pesquisa.

Além do mais, em um vídeo que qualquer um pode ver, Wolfgang Wodarg, que foi presidente da Comissão de Saúde da Assembleia Parlamentar do Conselho da Europa, vai muito mais longe e afirma que hoje não estamos mensurando a incidência da doença causada pelo vírus, mas a atividade dos especialistas que o tornam objeto de suas pesquisas. Mas não é minha intenção entrar no debate entre os cientistas sobre a epidemia, me interessam as consequências éticas e políticas extremamente graves que dela derivam.

"Dir-se-ia que, esgotado o terrorismo como causa de medidas de exceção, a invenção de uma epidemia possa oferecer o pretexto ideal para ampliá-las além de qualquer limite." Em que sentido se trata de uma invenção? O terrorismo, assim como uma epidemia, mesmo sendo real, pode levar a consequências políticas inaceitáveis?

Quando se fala de invenção em um âmbito político, é preciso não esquecer que isso não deve ser entendido em um sentido unicamente subjetivo. Os historiadores sabem que há conspirações, por assim dizer, objetivas, que parecem funcionar como tais sem que sejam dirigidas por um sujeito identificável. Como Foucault mostrou antes de mim, os governos que se servem do paradigma da segurança não funcionam necessariamente produzindo a situação de exceção, mas explorando-a e dirigindo-a uma vez que ela tenha se produzido. Não sou certamente o único a pensar que, para um governo totalitário como o chinês, a epidemia foi o instrumento ideal para verificar a possibilidade de isolar e controlar uma região inteira. E o fato de que na Europa possamos nos referir à China como um modelo a ser seguido mostra apenas o grau de irresponsabilidade política em que o medo nos lançou. E seria preciso que nos interrogássemos sobre o fato bastante estranho de que o governo chinês declare a epidemia encerrada quando o considera conveniente.

Por que, segundo o senhor, o estado de exceção é injustificado, se o confinamento aparece aos olhos dos cientistas como o único modo de conter a propagação do vírus?

Na situação de confusão babélica das linguagens que é a nossa, toda categoria persegue suas razões particulares sem levar em conta as dos outros. Para o virologista, o inimigo a combater é o vírus; para o médico, o único objetivo é a cura; para o governo, se trata de manter o controle, e é possível que também eu faça o mesmo quando lembro que o preço a pagar não deve ser alto demais. Houve na Europa epidemias muito mais graves, mas nem por isso, jamais alguém pensou em declarar um estado de exceção como esse que na Itália e na França praticamente nos impede de viver. Se levarmos em conta o fato de que a doença, até agora, na Itália, somente afetou menos do que um a cada mil habitantes, devemos nos perguntar o que se fará se a epidemia se agravar. O medo é um mau conselheiro, e não acredito que transformar um país em um país empestado, em que cada um olha para os seus semelhantes como uma ocasião de contágio, seja realmente a solução correta. A falsa lógica é sempre a mesma: assim como frente ao terrorismo se afirmava que era necessário suprimir a liberdade para defendê-la, do mesmo modo agora se diz que é necessário suspender a vida para protegê-la.

Estamos talvez assistindo à instauração de um estado de exceção permanente?
A epidemia mostrou claramente que o estado de exceção, com o qual os governos nos tinham há muito tempo familiarizado, se tornou a condição normal. Os homens se habituaram de tal modo a viver em um estado de crise permanente que não parecem se dar conta de que a vida deles foi reduzida a uma condição puramente biológica, que perdeu não apenas sua dimensão política, mas também toda dimensão simplesmente humana. Uma sociedade que vive em um estado de emergência permanente não pode ser uma sociedade livre. Nós vivemos hoje em uma sociedade que sacrificou a sua liberdade pelas assim consideradas "razões de segurança" e desse modo se condenou a viver em um estado de medo e de insegurança permanente.

Em que sentido vivemos hoje uma crise "biopolítica"?
A política moderna é de cima a baixo uma biopolítica, na qual o que está em jogo é, em última análise, a vida biológica como tal. O fato novo é que a saúde se torna uma obrigação jurídica a ser cumprida a qualquer preço.

Por que o problema não é a gravidade da doença, mas o colapso de toda ética e de toda política que ela produziu?
O medo faz aparecer muitas coisas que se fingia não ver. A primeira é que a nossa sociedade não acredita em mais nada a não ser na vida nua. É para mim evidente que os italianos se mostraram dispostos a sacrificar praticamente tudo, suas condições normais de vida, as relações sociais, o trabalho e até mesmo as amizades, os afetos e as convicções políticas e religiosas frente ao risco de se contagiar.

A vida nua não é algo que une os homens, mas, antes, que os cega e separa. Os outros homens, como na peste descrita por Manzoni em seu romance, não são senão untadores, que devem ser mantidos ao menos a um metro de distância e punidos se se aproximarem demais. Até mesmo os mortos – e isso é realmente bárbaro – não têm direito a um funeral, e não é claro o que acontece com os seus cadáveres. O nosso próximo não existe mais, e é realmente desconcertante que as duas religiões que pareciam reger o Ocidente, o cristianismo e o capitalismo, a religião de Cristo e a religião do dinheiro, se calem. O que é das relações humanas em um país que se habitua a viver em semelhantes condições? O que é uma sociedade que acredita apenas na sobrevivência?

É um espetáculo aviltante ver uma sociedade inteira, colocada diante de um risco além do mais incerto, liquidar em bloco todos os seus valores éticos e políticos. Quando tudo isso tiver passado, não acredito que poderá jamais voltar ao estado normal.

Como será, segundo o senhor, o mundo depois da epidemia?
O que me preocupa não é apenas o presente, mas o que virá depois. Assim como as guerras nos deixaram como herança uma série de tecnologias nefastas, é mais que provável que, depois do fim da emergência sanitária, se buscará continuar os experi-

mentos que os governos não tinham ainda conseguido realizar: as universidades serão fechadas para os estudantes e os cursos serão feitos online, deixarão de se reunir para falarem juntos de questões políticas ou culturais e, onde quer que seja possível, os dispositivos digitais substituirão todo contato – todo contágio – entre os seres humanos.

Entrevista com Nicolas Truong, Le Monde, *28 de março de 2020*

∎

Distanciamento social

> Não sabemos onde a morte nos espera, esperemo-la em toda parte. A meditação da morte é meditação da liberdade. Quem aprendeu a morrer, desaprendeu a servir. Saber morrer nos liberta de toda sujeição e de toda coerção.[1]
>
> MICHEL DE MONTAIGNE

Uma vez que a história nos ensina que todo fenômeno social tem ou pode ter implicações políticas, é oportuno registrar com atenção o novo conceito que hoje fez seu ingresso no léxico político do ocidente: o "distanciamento social". Ainda que o termo tenha sido provavelmente produzido como um eufemismo perante a crueza do termo "confinamento" usado até agora, devemos nos perguntar o que poderia ser um ordenamento político fundado sobre ele. Isso é tanto mais urgente, na medida em que não se trata apenas de uma hipótese puramente teórica, se é verdade, como de muitos lados se começa a dizer, que a atual emergência sanitária pode ser considerada como o laboratório em que são preparados os novos ordenamentos políticos e sociais que esperam a humanidade.

---

1. Montaigne, *Ensaios*. Trad. Sérgio Milliet. São Paulo: Abril Cultural, 1972. (Coleção Os Pensadores). Livro I, Cap. xx: "De como filosofar é aprender a morrer", p. 51.

Embora existam, como sempre acontece, os tolos que sugerem que uma tal situação pode certamente ser considerada positiva e que as novas tecnologias digitais permitem, há algum tempo, que nos comuniquemos felizmente à distância, não acredito que uma comunidade fundada sobre o "distanciamento social" seja humanamente e politicamente vivível. Em todo caso, qualquer que seja a perspectiva, me parece que é sobre esse tema que devemos refletir.

Uma primeira consideração concerne à natureza realmente singular do fenômeno que as medidas de "distanciamento social" produziram. Canetti, naquela obra-prima que é *Massa e poder*, define a massa sobre a qual o poder se funda através da inversão do medo de ser tocado. Enquanto os homens normalmente temem ser tocados pelo estranho e todas as distâncias que os homens instituem em torno de si nascem desse temor, a massa é a única situação em que tal medo se transforma em seu oposto.

> Somente na *massa* o homem pode se redimir do temor de ser tocado... No momento em que nos abandonamos à massa, não temenos ser tocados... Quem quer que venha sobre nós é igual a nós, o sentimos como nos sentimos a nós mesmos. De repente, é como se tudo acontecesse no interior de um único corpo... Essa inversão do medo de ser tocado é peculiar da massa. O alívio que nela se espalha alcança uma medida tanto mais notável quanto mais densa for a massa.[2]

Não sei o que Canetti teria pensado da nova fenomenologia da massa que estamos enfrentando: o que as medidas de distanciamento social e o pânico criaram é certamente uma massa – mas uma massa, por assim dizer, invertida, formada de indivíduos que se mantêm, a todo custo, à distância um do outro. Uma massa, portanto, não densa, mas rarefeita e que, todavia, é ainda uma massa, se esta, como Canetti precisa pouco depois, é definida por

---

2. Elias Canetti, *Massa e poder*. Trad. Sérgio Tellaroli. São Paulo: Companhia das Letras, 2019, p. 12.

sua uniformidade e por sua passividade, no sentido de que "um movimento realmente livre não seria de modo algum possível... ela espera, espera um líder, que lhe deverá ser mostrado".

Algumas páginas à frente, Canetti descreve a massa que se forma mediante uma proibição, "em que muitas pessoas reunidas ao mesmo tempo querem não fazer mais o que até aquele momento tinham feito como indivíduos singulares. A proibição é repentina: eles a impõem a si mesmos sozinhos... em todo caso, ela incide com a máxima força. É categórica como uma ordem; para ela, todavia, é decisivo seu caráter negativo".

É importante não deixar passar que uma comunidade fundada sobre o distanciamento social não teria a ver, como se poderia ingenuamente acreditar, com um individualismo levado ao excesso: ela seria, ao contrário, justamente, como aquela que vemos hoje em torno de nós, uma massa rarefeita e fundada sobre uma proibição, mas, justamente por isso, particularmente compacta e passiva.

6 de abril de 2020

■

Uma pergunta

> A peste marcou, para a cidade, o início da corrupção... Ninguém estava mais disposto a perseverar naquilo que antes julgava ser o bem, porque acreditava que podia talvez morrer antes de alcançá-lo.
>
> TUCÍDIDES, *A guerra do Peloponeso*, II, 5

Gostaria de compartilhar, com quem o desejar, uma pergunta sobre a qual há mais de um mês não cesso de refletir. Como pôde acontecer que um país inteiro tenha, sem se dar conta disso, eticamente e politicamente desmoronado perante uma doença? As palavras que usei para formular essa pergunta foram, uma por uma, atentamente avaliadas. A medida da abdicação aos próprios princípios éticos e políticos é, de fato, muito simples: trata-se de se perguntar qual é o limite para além do qual não se está disposto a renunciar a eles. Creio que o leitor que se der a pena de considerar os pontos que seguem não poderá não estar de acordo com o fato de que – sem se dar conta disso ou fingindo não se dar conta disso – o limiar que separa a humanidade da barbárie foi ultrapassado.

1. O primeiro ponto, talvez o mais grave, concerne aos corpos das pessoas mortas. Como pudemos aceitar, apenas em nome de um *risco* que não era possível precisar, que as pessoas que nos são caras e seres humanos em geral não

apenas morressem sozinhos, mas que – algo que não tinha jamais acontecido antes na história, de Antígona até hoje – que seus cadáveres fossem queimados sem um funeral?

2. Aceitamos, então, sem criarmos muitos problemas, apenas em nome de um *risco* que não era possível precisar, que fosse limitada, numa medida que não tinha jamais acontecido antes na história do país, nem mesmo durante as duas guerras mundiais (o toque de recolher durante a guerra era limitado a certas horas), a nossa liberdade de movimento. Aceitamos, consequentemente, apenas em nome de um *risco* que não era possível precisar, suspender de fato as nossas relações de amizade e de amor, porque o nosso próximo tinha se tornado uma *possível* fonte de contágio.

3. Isso pode acontecer – e aqui se toca a raiz do fenômeno – porque cindimos a unidade da nossa experiência vital, que é sempre inseparavelmente e ao mesmo tempo corpórea e espiritual, em uma entidade puramente biológica, por um lado, e em uma vida afetiva e cultural, por outra. Ivan Illich mostrou, e David Cayley o lembrou recentemente aqui,[1] a responsabilidade da medicina moderna nessa cisão, que é dada como certa e que é, ao contrário, a maior das abstrações. Sei bem que essa abstração foi realizada pela ciência moderna através dos dispositivos de reanimação, que podem manter um corpo em um estado de pura vida vegetativa.

---

1. O texto de David Cayley, "Questions about the current pandemic from the point of view of Ivan Illich", foi publicado em 8 de abril de 2020 em *Una voce*, a coluna que Agamben mantém no site da editora italiana Quodlibet e no qual foram publicados originalmente todos os textos do presente livro. O texto de David Cayley encontra-se disponível em: <https://www.quodlibet.it/david-cayley-questions-about-the-current-pandemic-from-the-point>. Acesso em: 21 de maio de 2021.

Se essa condição, no entanto, se estende para além dos confins espaciais e temporais que lhe são próprios, como se está tentando fazer hoje, e se torna um tipo de comportamento social, caímos em contradições para as quais não há saída.

Sei que alguém se apressará em responder que se trata de uma condição limitada do tempo, depois da qual tudo voltará a ser como antes. É realmente notável que se possa repetir isso, a não ser de má fé, uma vez que as mesmas autoridades que proclamaram a emergência não cessam de recordar que, quando a emergência estiver superada, deveremos continuar a observar as mesmas diretivas e que o "distanciamento social", como se o chamou com um significativo eufemismo, será o novo princípio de organização da sociedade. E, em todo caso, o que, de boa ou má fé, se aceitou sofrer não poderá ser apagado.

Não posso, a essa altura, uma vez que denunciei a responsabilidade de cada um de nós, não mencionar as ainda mais graves responsabilidade daqueles que deveriam ter a tarefa de velar pela dignidade do homem. Em primeiro lugar, a Igreja, que, fazendo-se serva da ciência – que se tornou agora a verdadeira religião do nosso tempo –, renegou radicalmente seus princípios mais essenciais. A Igreja, sob um Papa que se chama Francisco, esqueceu que Francisco abraçava os leprosos. Esqueceu que uma das obras da misericórdia é a de visitar os enfermos. Esqueceu que os mártires ensinam que se deve estar disposto a sacrificar a vida em vez da fé e que renunciar ao seu próximo significa renunciar à fé.

Uma outra categoria que faltou com as suas próprias tarefas é a dos juristas. Estamos há algum tempo habituados ao uso irrefletido dos decretos de urgência através dos quais, de fato, o poder executivo substitui o legislativo, abolindo aquele princípio da separação dos poderes que define a democracia. Mas, nesse caso, todo limite foi superado, e se tem a impressão de que as palavras do primeiro-ministro ou do chefe da defesa civil têm, como se dizia das do *Führer*, imediatamente valor de lei. E não é claro como, esgotado o limite de validade temporal dos decretos de urgência, as limitações da liberdade poderão ser, como se anuncia, mantidas. Com quais dispositivos jurídicos? Com um estado de exceção permanente? É tarefa dos juristas verificar que as regras da constituição sejam respeitadas, mas os juristas se calam. *Quare siletis juristæ in munere vestro?*[2]

Sei que haverá, inevitavelmente, alguém que responderá que o grave sacrifício foi feito em nome de princípios morais. A essas pessoas, gostaria de recordar que Eichmann, aparentemente de boa-fé, não parava de repetir que tinha feito o que tinha feito segundo sua consciência, para obedecer àqueles que considerava serem os preceitos da moral kantiana. Uma norma que afirme que se deve renunciar ao bem para salvar o bem é tão falsa e contraditória quanto aquela que, para proteger a liberdade, impõe que se renuncie à liberdade.

13 de abril de 2020

---

2. "Por que vos calais, juristas, sobre o que vos concerne?" A mesma frase em latim aparece como epígrafe de Giorgio Agamben, *Stato di eccezione*. Torino: Bollati Boringhieri, 2003, p. 7. [Ed. bras.: Giorgio Agamben, *Estado de exceção*. Trad. Iraci D. Poleti. São Paulo: Boitempo, 2004, p. 7.]

A vida nua

As restrições aplicadas à vida social podem ser consideradas o estado de exceção definitivo? Pode-se esperar que permaneçam tais depois da fase aguda desta crise?
A história do século xx mostra com clareza, em particular no que diz respeito à chegada ao poder do nazismo na Alemanha, que o estado de exceção é o mecanismo que permite a transformação das democracias em Estados totalitários. Desde há muitos anos no meu país, mas não apenas no meu país, o estado de emergência se tornou a técnica normal de governo e através dos decretos de urgência o poder executivo substituiu o poder legislativo, abolindo de fato o princípio de separação dos poderes que define a democracia. Mas nunca antes, nem mesmo durante o fascismo e as duas guerras mundiais, a limitação da liberdade tinha sido levada até esse ponto: não apenas as pessoas são confinadas em suas casas e, privadas de toda relação social, reduzidas a uma condição de sobrevivência biológica, mas a barbárie não poupa nem mesmo os mortos: as pessoas falecidas nesse período não têm direito a um funeral e seus corpos são queimados. Sei que alguém se apressará em responder que se trata de uma condição limitada do tempo, depois da qual tudo voltará a ser como antes. É realmente notável que se possa repetir isso, a não ser de má fé, uma vez que as mesmas autoridades que proclamaram a emergência não cessam de recordar que, quando a emergência estiver supe-

rada, deveremos continuar a observar as mesmas diretivas e que o "distanciamento social", como se o chamou com um significativo eufemismo, será o novo princípio de organização da sociedade.

O senhor pode, por favor, explicar o conceito de "vida nua" e como ele se relaciona com o que está acontecendo hoje?
O senhor me pergunta pela vida nua. O fato é que aquilo que descrevi pode acontecer porque cindimos a unidade da nossa experiência vital, que é sempre inseparavelmente e ao mesmo tempo corpórea e espiritual, em uma entidade puramente biológica, por um lado, e em uma vida afetiva e cultural, por outra. Ivan Illich mostrou a responsabilidade da medicina moderna nessa cisão, que é dada como certa e que é, ao contrário, a maior das abstrações. Sei bem que essa abstração foi realizada pela ciência moderna através dos dispositivos de reanimação, que podem manter um corpo em um estado de pura vida vegetativa. Mas se essa condição se estende para além dos confins espaciais e temporais que lhe são próprios, como se está tentando fazer hoje, e se torna um tipo de comportamento social, caímos em contradições para as quais não há saída. É preciso recordar que o único outro lugar em que seres humanos foram mantidos em um estado de pura vida vegetativa é o *Lager*[1] nazista?

O senhor pertence a uma categoria da população na qual a taxa de mortalidade do vírus parece não ser de um dígito, mas entre 10 e 20 por cento. O senhor fica com medo quando encontra outras pessoas? Esse medo deveria guiar o comportamento das pessoas, além das regras impostas pelas autoridades?

---

1. Do alemão *Konzentrationslager*, campo de concentração.

O risco de contágio, em nome do qual se limitam as liberdades, não foi jamais precisado, porque os números que são comunicados são intencionalmente vagos, sem serem analisados – como seria obrigação se fosse realmente a ciência que estivesse em questão – em relação à mortalidade anual e às causas comprovadas de óbito. Responderei ao senhor, de qualquer modo, com uma frase de Montaigne: "Não sabemos onde a morte nos espera, esperemo-la em toda parte. A meditação da morte é meditação da liberdade. Quem aprendeu a morrer, desaprendeu a servir. Saber morrer nos liberta de toda sujeição e de toda coerção."

A reação da política ao vírus – os diversos estados de exceção – não foi um monólito. Existem diversos modelos de restrições à vida e aos deslocamentos das pessoas em várias partes do mundo ou mesmo dentro de uma única nação. Na Suécia, a maior parte das limitações é voluntária; o nosso primeiro-ministro disse que as pessoas devem ser guiadas pelo bom senso (a palavra que usou é, precisamente, "folkvett", traduzida aproximadamente por "sentido do povo"). E as pessoas se autolimitam, mas muitos aqui – e são muitos mais nos Estados vizinhos, onde as regras são ainda mais rigorosas – reagiram com força, chamando de irresponsáveis os líderes suecos, como se o único modo de manter as pessoas quietas fosse através dos decretos e mobilizando a polícia. Este é apenas um exemplo, mas o senhor acredita que haja um modo sensato de enfrentar essa ameaça, além do preto e branco da "morte ou ditadura"?

Sobre as formas que tomará o governo dos homens nos anos que virão apenas podemos levantar hipóteses, mas o que se pode deduzir da experimentação em curso é tudo menos tranquilizante. A Itália, como se viu durante os anos do terrorismo, é um tipo de laboratório político em que se experimentam as novas tecnologias de governo. Não me espanta que ela esteja agora na vanguarda da elaboração de uma tecnologia de governo que, em nome da saúde pública, faz com que se aceitem condições de vida que eliminam pura e simplesmente toda atividade política possível. A Itália está sempre a ponto de cair de novo no fascismo e muitos sinais mostram que hoje se trata de algo mais do que de um risco: basta dizer que o governo instituiu uma comissão que tem o poder de decidir quais notícias são verdadeiras e quais devem ser consideradas falsas. No que me diz respeito, os grandes jornais na Itália se recusam pura e simplesmente a publicar minhas opiniões.

Entrevista com Ivar Ekman à Rádio Sueca, 19 de abril de 2020

Novas reflexões

De muitos lados, se vai atualmente formulando a hipótese de que, na realidade, estamos vivendo o fim de um mundo, o das democracias burguesas, fundadas sobre os direitos, os parlamentos e a divisão dos poderes, que está cedendo lugar a um novo despotismo que, no que concerne à difusão dos controles e à cessação de toda atividade política, será o pior dos totalitarismos que conhecemos até agora. Os cientistas políticos americanos o chamam de *Security State*, isto é, um Estado em que "por razões de segurança" (neste caso, de "saúde pública", termo que nos faz pensar nos famigerados "comitês de saúde pública" durante o Terror) se pode impor qualquer limite que seja às liberdades individuais. Na Itália, além do mais, estamos habituados, faz tempo, a uma legislação por decretos de urgência da parte do poder executivo, que, desse modo, substitui o poder legislativo e abole de fato o princípio da divisão dos poderes sobre o qual se funda a democracia. E o controle que é exercido por câmeras de vídeo e, agora, como foi proposto, através de telefones celulares excede, em muito, toda forma de controle exercida sob regimes totalitários como o fascismo e o nazismo.

É preciso colocar em questão o modo como são comunicados os números relativos aos óbitos e aos contágios de epidemia. Pelo menos no que diz respeito à Itália, quem quer que tenha algum conhecimento de epistemologia não pode não ficar surpreso com o fato de que a mídia, por todos esses meses, difundiu números sem nenhum critério de cientificidade, não apenas sem colocá-los em relação com a mortalidade anual pelo mesmo período, mas sem nem mesmo precisar a causa do óbito. Não sou virologista nem médico, mas me limito a citar textualmente fontes oficiais seguramente confiáveis. Vinte e três mil mortes por Covid-19 parecem e são certamente um número impressionante. Mas, se for comparado com os dados estatísticos anuais, as coisas, com razão, assumem um aspecto diverso. O presidente do ISTAT (o Instituto Estatístico Nacional da Itália), doutor Gian Carlo Blangiardo, comunicou há algumas semanas os números da mortalidade do ano passado: 647 mil mortos (portanto, 1 772 óbitos por dia). Se analisamos as causas em detalhe, vemos que os últimos dados disponíveis relativos a 2017 registram 230 mil mortos por doença cardiovascular, 180 mil mortos de câncer, pelo menos 53 mil mortos por doenças respiratórias. Mas um ponto é particularmente importante e nos diz respeito de perto. Cito as palavras do relatório: "Em março de 2019 os óbitos por doenças respiratórias foram 15 189 e no ano anterior foram 16 220. Incidentalmente se nota que são mais que o número correspondente de óbitos por Covid (12 352) declarados em março de 2020." Mas, se isso é verdade, e não temos razões para duvidar do relatório, sem querer minimizar a importância da epidemia, é preciso, porém, se perguntar se esta pode justificar medidas de limitação da liberdade que nunca tinham sido tomadas na história do nosso país, nem mesmo durante as duas guerras mundiais. Nasce a dúvida legítima, no que concerne à Itália, de que, difundindo o pânico e isolando as pessoas em casa, se tenha querido jogar sobre a população as gravíssimas responsabilidades dos governos que tinham antes desmantelado o serviço sanitário nacional e, depois, na Lombardia, cometido uma série de erros não menos graves ao enfrentar a pandemia. Quanto ao resto do mundo, creio que todo

Estado tenha modalidades diversas de usar, para os seus fins, os dados das epidemias e de manipulá-los segundo suas próprias exigências. Podermos medir a consistência real da epidemia somente relacionando, a cada vez, os dados comunicados com as estatísticas sobre a mortalidade anual por doença.

Outro fenômeno que não devemos deixar escapar é a função desempenhada pelos médicos e pelos virologistas no governo da epidemia. O termo grego *epidemia* (de *demos*, o povo como entidade política) tem um significado político imediato. É muito mais perigoso confiar aos médicos e aos cientistas decisões que são, em última análise, éticas e políticas. Os cientistas, com ou sem razão, perseguem, de boa fé, suas razões, que se identificam com o interesse da ciência, e em nome das quais – a história o demonstra amplamente – estão dispostos a sacrificar qualquer escrúpulo de ordem moral. Não preciso recordar que sob o nazismo cientistas muito respeitados guiaram a política eugênica e não hesitaram em aproveitar o *Lager* para executar experimentos letais que consideravam úteis para o progresso da ciência e para a cura dos soldados alemães. No caso presente, o espetáculo é particularmente desconcertante, porque, na realidade, mesmo que a mídia o esconda, não há acordo entre os cientistas, e alguns dos mais ilustres dentre eles, como Didier Raoult, talvez o maior virologista francês, têm diferentes opiniões sobre a importância da epidemia e sobre a eficácia das medidas de isolamento, que, em uma entrevista, ele definiu como uma superstição medieval. Escrevi em outro lugar que a ciência se tornou a religião de nosso tempo. A analogia com a religião deve ser entendida literalmente: os teólogos declaravam não poder definir com clareza o que é Deus, mas em seu nome ditavam aos homens regras de conduta e não hesitavam em queimar os heréticos; os virologistas admitem não saber exatamente o que é um vírus, mas em seu nome pretendem decidir como devem viver os seres humanos.

Se deixarmos o âmbito da atualidade e tentarmos considerar as coisas do ponto de vista do destino da espécie humana na Terra, me vêm à mente as considerações de um grande cientista holandês, Louis Bolk. Segundo Bolk, a espécie humana é caracterizada por uma progressiva inibição dos processos vitais naturais de adaptação ao meio ambiente, que são substituídos por um crescimento hipertrófico dos dispositivos tecnológicos para adaptar o meio ambiente ao homem. Quando esse processo ultrapassa certo limite, ele atinge um ponto no qual se torna contraproducente e se transforma em autodestruição da espécie. Fenômenos como o que estamos vivendo me parecem mostrar que esse ponto foi atingido e que a medicina que devia curar nossos males corre o risco de produzir um mal ainda maior.

Neue Zürcher Zeitung, *27 de abril de 2020*
Este artigo retoma e desenvolve o texto de uma entrevista publicada no jornal La Verità *em 21 de abril de 2020.*

Sobre o verdadeiro e sobre o falso

Como era previsível, a Fase 2 confirma por decreto ministerial mais ou menos as mesmas restrições de liberdade constitucionais que podem ser limitadas apenas pela lei. Mas não menos importante é a limitação de um direito humano que não é sancionado em nenhuma constituição: o direito à verdade, a necessidade de uma palavra verdadeira. ■

O que estamos vivendo, antes de ser uma inaudita manipulação das liberdades de cada um, é na verdade uma gigantesca operação de falsificação da verdade. Se os homens consentem em limitar sua liberdade pessoal, isso acontece porque eles aceitam, sem submetê-los a qualquer verificação, os dados e as opiniões que a mídia fornece. A publicidade tinha-nos habituado, faz tempo, a discursos que eram tanto mais eficazes quanto menos pretendiam ser verdadeiros. E faz tempo também que o consenso político se fazia sem uma convicção profunda, de algum modo dando por evidente que nos discursos eleitorais a verdade não estivesse em questão. O que agora está acontecendo sob os nossos olhos é, porém, algo novo, se não por outros motivos, porque na verdade e na falsidade do discurso que é passivamente aceito está em jogo nosso próprio modo de viver, nossa inteira existência cotidiana. Por isso, seria urgente que cada um procurasse submeter o que lhe é proposto ao crivo de pelo menos uma verificação elementar. Não fui o único a notar que os dados sobre a epidemia são fornecidos de modo genérico e sem nenhum critério de cientificidade. Do ponto de vista epistemológico, é óbvio, por exemplo, que dar um número de óbitos sem relacioná-lo com a mortalidade anual no mesmo período e sem especificar a causa efetiva da morte não tem significado algum. E, no entanto, é exatamente isso que se continua a fazer todos os dias sem que ninguém pareça se dar conta disso. Isso é ainda mais surpreendente na medida em que os dados que permitem a verificação estão disponíveis para qualquer um que queira ter acesso a eles e já mencionei nesta coluna o relatório do presidente do ISTAT, Gian Carlo Blangiardo, em que se mostra que o número dos óbitos por Covid-19 é inferior ao número dos óbitos por doenças respiratórias nos dois anos precedentes. E, no entanto, embora inequívoco, é como se esse relatório não existisse, assim como não se leva de modo algum em conta o fato, mesmo que declarado, de que também é contado como morto por Covid-19 o paciente positivo que morreu por infarto e por uma outra causa qualquer que seja. Por que, mesmo se a falsidade é documentada, se continua a dar-lhe fé? Dir-se-ia que a mentira é tomada por verdadeira porque, como na publicidade, ninguém se preocupa em esconder sua falsidade. Como tinha acontecido com a Primeira Guerra Mundial, a guerra contra o vírus só pode dar a si mesma motivações falaciosas.

A humanidade está entrando em uma fase de sua história em que a verdade é reduzida a um momento no movimento do falso. Verdadeiro é aquele discurso falso que deve ser tomado por verdadeiro mesmo quando sua não verdade é demonstrada. Mas desse modo é a própria linguagem como lugar da manifestação da verdade que é confiscada aos seres humanos. Estes, agora, apenas podem observar mudos o movimento – verdadeiro porque real – da mentira. Por isso, para deter esse movimento é preciso que cada um tenha coragem de buscar, sem concessões, o bem mais precioso: uma palavra verdadeira.

28 de abril de 2020

A medicina como religião

Que a ciência tenha se tornado a religião do nosso tempo, isso em que os homens creem que creem, é há muito tempo evidente. No ocidente moderno conviveram e, em certa medida, ainda convivem três grandes sistemas de crença: o cristianismo, o capitalismo e a ciência. Na história da modernidade, essas três "religiões" muitas vezes se cruzaram, entrando às vezes em conflito e, depois, de vários modos, reconciliando-se, até alcançar progressivamente uma espécie de convivência pacífica e articulada, quando não uma verdadeira e autêntica colaboração em nome do interesse comum.

O fato novo é que entre a ciência e as outras duas religiões se reacendeu, sem que nos déssemos conta disso, um conflito subterrâneo e implacável, cujos resultados vitoriosos para a ciência estão hoje sob nossos olhos e determinam, de maneira inaudita, todos os aspectos de nossa existência. Esse conflito não diz respeito, como acontecia no passado, à teoria e aos princípios gerais, mas, por assim dizer, à práxis do culto. Também a ciência, na verdade, como toda religião, conhece formas e níveis diversos através dos quais organiza e ordena a sua própria estrutura: à elaboração de uma dogmática sutil e rigorosa corresponde na práxis uma esfera de culto extremamente ampla e capilar que coincide como o que chamamos de tecnologia.

Não surpreende que o protagonista dessa nova guerra religiosa seja aquela parte da ciência em que a dogmática é menos rigorosa e o aspecto pragmático é mais forte: a medicina, cujo objeto imediato é o corpo vivente dos seres humanos. Tentemos fixar as características essenciais dessa fé vitoriosa com a qual teremos que lidar em medida crescente.

1. A primeira característica é que a medicina, como o capitalismo, não precisa de uma dogmática especial, mas se limita a tomar de empréstimo à biologia seus conceitos fundamentais. Diferentemente da biologia, todavia, ela articula esses conceitos em sentido gnóstico-maniqueísta, isto é, segundo uma desesperada oposição dualística. Há um deus ou um princípio maligno – a doença, precisamente –, cujos agentes específicos são as bactérias e os vírus, e um deus ou um princípio benéfico – que não é a saúde, mas a cura –, cujos agentes de culto são os médicos e a terapia. Como em toda fé gnóstica, os dois princípios são claramente separados, mas na práxis podem se contaminar, e o princípio benéfico e o médico que o representa podem falhar e colaborar inconscientemente com o inimigo, sem que isso invalide de modo algum a realidade do dualismo e a necessidade do culto através do qual o princípio benéfico combate sua batalha. E é significativo que os teólogos que devem fixar sua estratégia sejam os representantes de uma ciência, a virologia, que não tem um lugar próprio, mas se situa na fronteira entre a biologia e a medicina.

2. Se até agora essa prática cultual era, como toda liturgia, episódica e limitada no tempo, o fenômeno inesperado ao qual estamos assistindo é que ela se tornou permanente e onipresente. Não se trata mais de tomar remédios ou de se submeter, quando necessário, a uma visita médica ou a

uma intervenção cirúrgica: a vida inteira dos seres humanos deve se tornar a todo instante o lugar de uma ininterrupta celebração cultual. O inimigo, o vírus, está sempre presente e deve ser combatido incessantemente e sem trégua possível. A religião cristã também conhecia semelhantes tendências totalitárias, mas elas diziam respeito apenas a alguns indivíduos – em particular os monges – que escolhiam colocar sua inteira existência sob a bandeira "orai incessantemente". A medicina como religião retoma esse preceito paulino e, ao mesmo tempo, o inverte: se os monges se reuniam em conventos para orarem juntos, agora o culto deve ser praticado com a mesma assiduidade, mas mantendo-se separados e à distância.

3. A prática cultual não é mais livre e voluntária, exposta apenas a sanções de ordem espiritual, mas deve ser tornada normativamente obrigatória. O conluio entre religião e poder profano não é certamente um fato novo; é inteiramente novo, porém, o fato de que ele não diga mais respeito, como acontecia com as heresias, à profissão dos dogmas, mas exclusivamente à celebração do culto. O poder profano deve velar para que a liturgia da religião médica, que coincide agora com a vida inteira, seja devidamente observada na prática. Que se trate aqui de uma prática cultual e não de uma exigência científica racional é imediatamente evidente. A causa de mortalidade mais frequente em nosso país são de longe as doenças cardiovasculares, e sabe-se que elas poderiam diminuir se praticássemos uma forma de vida mais saudável e seguíssemos uma dieta específica. Mas jamais ocorreu a nenhum médico que essa forma de vida e de dieta, que eles aconselhavam aos pacientes, se tornasse objeto de uma normativa jurídica, que decretasse *ex lege* o que se deve comer e como se deve viver, transformando a existên-

cia inteira em uma obrigação sanitária. Foi exatamente isso o que foi feito e, ao menos por enquanto, as pessoas aceitaram, como se fosse óbvio renunciar à própria liberdade de movimento, ao trabalho, às amizades, aos amores, às relações sociais, às próprias convicções religiosas e políticas.

Aqui podemos medir como as duas outras religiões do ocidente, a religião de Cristo e a religião do dinheiro, cederam a primazia, aparentemente sem combate, à medicina e à ciência. A Igreja renegou pura e simplesmente seus princípios, esquecendo que o santo do qual o atual pontífice tomou o nome abraçava os leprosos, que uma das obras de misericórdia era visitar os enfermos, que os sacramentos podem ser administrados apenas em presença. O capitalismo, por sua vez, mesmo que com algum protesto, aceitou perdas de produtividade que jamais tinha ousado contabilizar, provavelmente esperando encontrar mais tarde um acordo com a nova religião, que, sobre esse ponto, parece disposta a transigir.

4. A religião médica tomou do cristianismo, sem reservas, a instância escatológica que este tinha deixado cair. Já o capitalismo, secularizando o paradigma teológico da salvação, tinha eliminado a ideia de um fim dos tempos, substituindo-a por um estado de crise permanente, sem redenção nem fim. *Krisis* é, na origem, um conceito médico, que designava, no *corpus* hipocrático, o momento em que o médico decidia se o paciente sobreviveria à doença. Os teólogos retomaram o termo para indicar o Juízo Final que tem lugar no último dia. Se observamos o estado de exceção que estamos vivendo, dir-se-ia que a religião médica conjuga ao mesmo tempo a crise perpétua do capitalismo com a ideia cristã de um tempo último, de um *eschaton* em que a decisão extrema está sempre em curso e o fim é, ao mesmo

tempo, precipitado e adiado, na tentativa incessante de poder governá-lo, sem, contudo, jamais resolvê-lo de uma vez por todas. É a religião de um mundo que se sente no fim e, todavia, não é capaz, como o médico hipocrático, de decidir se sobreviverá ou morrerá.

5. Assim como o capitalismo e diferentemente do cristianismo, a religião médica não oferece perspectivas de salvação e de redenção. Ao contrário, a cura que ela visa não pode ser senão provisória, a partir do momento em que o deus malvado, o vírus, não pode ser eliminado de uma vez por todas, ao contrário, muda continuamente e assume sempre novas formas, presumivelmente mais perigosas. A epidemia, como a etimologia do termo sugere, é antes de tudo um conceito político, que se prepara para se tornar o novo terreno da política – ou da não política – mundial. É possível, aliás, que a epidemia que estamos vivendo seja a reabilitação da guerra civil mundial que, segundo os cientistas políticos mais atentos, tomou o posto das guerras mundiais tradicionais. Todas as nações e todos os povos estão agora numa guerra duradoura consigo mesmos, porque o inimigo invisível e inapreensível com o qual estão em luta está dentro de nós.

Como aconteceu muitas vezes no curso da história, os filósofos deverão novamente entrar em conflito com a religião, que não é mais o cristianismo, mas a ciência ou aquela parte dela que assumiu a forma de uma religião. Não sei se voltarão a acender as fogueiras e se os livros serão colocados no *Index*,[1] mas certamente o pensamento daqueles que continuam a buscar a verdade e refutam a mentira dominante será, como já está acontecendo sob os

---

1. Lista oficial de livros cuja leitura a Igreja Católica Romana proibia por considerá-la nefasta e perigosa para a fé e a moral.

nossos olhos, excluído e acusado de difundir notícias (notícias, não ideias, uma vez que a notícia é mais importante que a realidade!) falsas. Como em todos os momentos de emergência, verdadeira ou simulada, ver-se-ão novamente ignorantes caluniarem os filósofos e os canalhas tentarem tirar proveito das desgraças que eles próprios provocaram. Tudo isso já aconteceu e continuará a acontecer, mas aqueles que testemunham pela verdade não cessarão de fazê-lo, porque ninguém pode testemunhar pela testemunha.

2 de maio de 2020

Biossegurança e política

O que chama a atenção nas reações aos dispositivos de exceção que foram implementados no nosso país (e não apenas nele) é a incapacidade de observá-los além do contexto imediato em que parecem operar. Raros são aqueles que procuram, ao contrário – como, no entanto, uma séria análise política exigiria que se fizesse –, interpretá-los como sintomas e signos de um experimento mais amplo, em que está em jogo um novo paradigma de governo dos homens e das coisas. Em um livro publicado há sete anos, que vale a pena reler agora atentamente (*Tempêtes microbiennes*, Paris: Gallimard, 2013), Patrick Zylberman já tinha descrito o processo através do qual a segurança sanitária, que tinha permanecido até então às margens dos cálculos políticos, estava se tornando parte essencial das estratégias políticas estatais e internacionais. O que está em questão é nada menos que a criação de uma espécie de "terror sanitário" como instrumento para governar o que era definido como o *worst case scenario*, o pior cenário possível. É segundo essa lógica do pior que, já em 2005, a Organização Mundial da Saúde tinha anunciado de "dois a 150 milhões de mortes pela gripe aviária que estava a caminho", sugerindo uma estratégia política que os Estados, então, não estavam ainda preparados para acolher. Zylberman mostra que o dispositivo que era sugerido se articulava em três pontos: 1) construção, baseada em um risco possível, de uma cenário fictício, em que os dados são apresentados de modo a favorecer comportamentos que permitem governar uma situação extrema; 2) adoção da lógica do pior como regime de racionalidade política; 3) organização integral do corpo dos cidadãos de modo a reforçar ao máximo a adesão às instituições de governo, produzindo uma espécie de civismo superlativo em que as obrigações impostas são apresentadas como provas de altruísmo e o cidadão não tem mais um direito à saúde (*health safety*), mas se torna juridicamente obrigado à saúde (*biosecurity*).

Aquilo que Zylberman descrevia em 2013 hoje se verificou ponto por ponto. É evidente que, além da situação de emergência ligada a determinado vírus que poderá no futuro dar lugar a outro, está em questão o desenho de um paradigma de governo cuja eficácia supera em muito a de todas as formas de governo que a história política do Ocidente tinha até agora conhecido. Se, no progressivo declínio das ideologias e das fés políticas, as razões de segurança já tinham permitido fazer os cidadãos aceitarem as limitações de liberdade que antes eles não estavam dispostos a aceitar, a biossegurança mostrou-se capaz de apresentar a absoluta interrupção de toda atividade política e de toda relação social como a máxima forma de participação cívica. Pode-se assim assistir ao paradoxo de organizações de esquerda, tradicionalmente habituadas a reivindicar direitos e denunciar violações da constituição, aceitar sem reservas limitações das liberdades decididas através de decretos ministeriais privados de qualquer legalidade e que nem mesmo o fascismo tinha jamais sonhado poder impor.

É evidente – e as próprias autoridades de governo não cessam de lembrá-lo – que o assim chamado "distanciamento social" se tornará o modelo da política que nos espera e que (como anunciaram os representantes de uma assim chamada *task force*, cujos membros se encontram em claro conflito de interesse com a função que deveriam exercer) se aproveitará desse distanciamento para substituir, por toda parte, através dos dispositivos tecnológicos digitais, as relações humanas em sua fisicalidade, tornadas como tais suspeitas de contágio (contágio político, entenda-se). As aulas nas universidades, como o MIUR[1] já recomendou, a partir do próximo ano serão dadas permanentemente online, não seremos mais reconhecidos olhando-nos no rosto, que poderá ser coberto por uma máscara sanitária, mas através de dispositivos digitais que reconhecerão dados biológicos coletados obrigatoriamente, e toda "aglomeração", seja feita por motivos políticos ou simplesmente de amizade, continuará a ser proibida.

O que está em questão é toda uma concepção dos destinos da sociedade humana em uma perspectiva que, em muitos aspectos, parece ter assumido das religiões, agora em seu ocaso, a ideia apocalíptica de um fim do mundo. Depois que a política tinha sido substituída pela economia, agora, também esta última, para poder governar, deverá ser integrada ao novo paradigma da biossegurança, em nome do qual todas as outras exigências deverão ser sacrificadas. É legítimo se perguntar se tal sociedade poderá ainda se definir como humana ou se a perda das relações sensíveis, do rosto, da amizade, do amor poderá ser realmente compensada por uma segurança sanitária abstrata e, presumivelmente, de todo fictícia.

11 de maio de 2020

---

1. Sigla para *Ministero dell'Istruzione, dell'Università e della Ricerca*, Ministério da Educação, da Universidade e da Pesquisa.

Polemos epidemios

■

Desde sempre as epidemias acompanharam a história humana, causando perturbações nas sociedades e nas pessoas. A recente epidemia de coronavírus ficará na história, ao que parece, não tanto pela sua ação letal em comparação com outras epidemias quanto pela mobilização global, sem precedentes, implementada para enfrentá-la. Muito foi escrito sobre o que acontecerá a seguir. **O senhor pensa que esta epidemia constituirá uma fratura da realidade social e que falaremos de um antes e de um depois da era do coronavírus?**
Devo adiantar que falarei sobretudo do país que eu conheço, ou seja, da Itália. Mas não se deve esquecer que a Itália, a partir do fim dos anos sessenta do século passado, foi o laboratório em que foram elaboradas as novas técnicas de governo frente ao terrorismo e é possível que também hoje ela esteja desempenhando a mesma função com respeito à emergência sanitária.

Epidemia, como mostra a etimologia do termo grego *demos*, que designa o povo como corpo político, é antes de mais nada um conceito político. *Polemos epidemios* é, em Homero, a guerra civil. O que hoje vemos com clareza é que a epidemia está se tornando um novo terreno da política, o campo de batalha de uma guerra civil mundial – uma vez que é evidente que a guerra civil é uma guerra contra um inimigo interno, que habita dentro de nós. Estamos vivendo o fim de uma época na história política do

Ocidente, a era das democracias burguesas, fundadas nas constituições, nos direitos, nos parlamentos e na divisão dos poderes. Esse modelo estava em crise há algum tempo, os princípios constitucionais eram cada vez mais ignorados e o poder executivo tinha substituído quase integralmente o legislativo, que ele exercia, como acontece agora de modo exclusivo, através de decretos-lei. Com a assim chamada pandemia foi dado um passo além, no sentido de que aquilo que os cientistas políticos americanos chamavam de *Security State*, Estado de segurança, que se fundava no terrorismo, cedeu agora o posto a um paradigma de governo que podemos chamar de "biossegurança", que se funda na saúde. É importante compreender que a biossegurança supera, em eficácia e abrangência, todas as formas de governo dos homens que conhecemos. Como se pode constatar na Itália, mas não apenas na Itália, assim que uma ameaça à saúde está em questão, as pessoas aceitam, sem reagir, limitações das liberdades que não teriam jamais aceitado no passado. Chegou-se assim ao paradoxo de que a interrupção de toda relação social e de toda atividade política é apresentada como a forma exemplar de participação cívica.

Creio inclusive que um único exemplo mostre com evidência quão profunda seja, no regime da biossegurança, a transformação de todos os paradigmas políticos democráticos. Nas democracias burguesas, todo cidadão tinha um "direito à saúde": esse direito se inverte agora, sem que as pessoas se deem conta disso, em uma obrigação jurídica à saúde, que se deve cumprir a qualquer preço. E se viu o quão alto é esse preço através das medidas excepcionais sem precedentes às quais os cidadãos tiveram que se submeter.

Os Estados, no plano institucional, já estavam aparelhados pelas crises precedentes e aplicaram políticas que já tinham sido experimentadas em escala planetária. O termo "guerra" foi amplamente utilizado no caso da atual pandemia, en-

quanto o senhor falava de "guerra civil", já que o inimigo está dentro de nós e não fora. Quais características da quarentena o senhor acredita que estejam destinadas a permanecer? O senhor considera que a epidemia poderia constituir o terreno para novos dogmas políticos autoritários?

O paradigma da biossegurança não é temporário. As atividades econômicas serão retomadas e já estão sendo retomadas, e as medidas de limitação dos movimentos cessarão, ao menos em grande parte. O que permanecerá é o "distanciamento social". É preciso refletir sobre essa fórmula singular, que apareceu ao mesmo tempo em todo o mundo como se tivesse sido preparada antecipadamente. A fórmula não diz "distanciamento físico" ou "pessoal", como teria sido normal se se tratasse de um dispositivo médico, mas "distanciamento social". Não se poderia exprimir mais claramente que se trata de um novo paradigma de organização da sociedade, isto é, de um dispositivo essencialmente político. Mas o que é uma sociedade fundada na distância? Pode-se ainda chamar de política uma tal sociedade? Que tipo de relações se pode estabelecer entre pessoas que devem ser mantidas a uma distância de um metro, com o rosto coberto por uma máscara? Naturalmente, o distanciamento pode ser realizado sem dificuldade, porque de algum modo já existia. Os dispositivos digitais há muito tempo tinham-nos habituado a relações virtuais à distância. Epidemia e tecnologia aqui se entrelaçam inseparavelmente. E, é claro, não surpreende que o chefe da chamada *task force* nomeada pelo governo italiano para enfrentar as consequências da epidemia seja o dirigente de uma das maiores redes de comunicação digital e que ele tenha imediatamente anunciado que a implementação do 5G contribuirá para evitar toda possibilidade de contágio – isto é, de contato – entre os seres humanos. Os seres humanos não se reconhecerão mais olhando-se no rosto, que poderá ser coberto por uma máscara sanitária, mas através de dispositivos digitais que reconhecerão dados biológicos coletados antecipadamente, e toda "aglomeração" – curiosa expressão para o encontro entre vários seres humanos – continuará a ser proibida, quer aconteça por razões políticas ou, até mesmo, simplesmente por amizade.

No seu livro Homo Sacer: o poder soberano e a vida nua, **o senhor afirma que, em todo Estado moderno, há uma linha que delimita o ponto em que o poder sobre a vida se transforma em poder de morte e a biopolítica se transforma em tanatopolítica. Portanto, baseado nisso, o soberano age em estreita colaboração com o advogado, o médico, o cientista, o padre. Hoje a medicina pode conceder ao poder a possibilidade ou a ilusão da soberania, que influi tanto no plano político quanto no ético. A subordinação da vida às estatísticas conduz inevitavelmente à lógica de uma vida que não vale a pena ser vivida e o corpo político se transforma em um corpo biológico. Em um artigo recente, o senhor sublinhou o fato de que no mundo contemporâneo ocidental as três "religiões" (o cristianismo, o capitalismo e a ciência) coexistem e se encontram, ao passo que hoje o conflito entre a ciência e as outras duas religiões se reacendeu e terminou com a vitória da ciência. Como o senhor avalia a posição dos cientistas, e da medicina em particular, na atual crise e como isso se relaciona com a gestão do poder?**
É preciso não subestimar a função decisiva que a ciência e a medicina desempenharam na articulação do paradigma da biossegurança. Como sugeri no artigo citado, elas puderam exercer essa função não enquanto ciência rigorosa, mas na medida em que agiram como uma espécie de religião, cujo Deus é a vida nua. Ivan Illich, talvez o crítico mais agudo da modernidade, mostrou como a medicalização crescente dos corpos transformou profundamente a experiência que todo indivíduo tem de seu corpo e de

sua vida. Jamais poderemos compreender como seres humanos aceitaram as restrições excepcionais às quais foram submetidos se não se tem em conta essa transformação. O que aconteceu é que todo indivíduo quebrou a unidade da sua experiência vital, que é sempre ao mesmo tempo e inseparavelmente corpórea e espiritual, em uma entidade puramente biológica, por um lado, e em uma existência social, cultural e política, por outro. Essa fratura é, segundo toda evidência, uma abstração, mas uma abstração potente, e o que o vírus mostrou como clareza é que os homens creem nessa abstração e sacrificaram em nome dela suas condições normais de vida, as relações sociais, suas convicções políticas e religiosas e até as amizades e os amores.

Eu disse que a cisão da vida é uma abstração, mas vocês sabem que a medicina moderna em torno da metade do século xx realizou essa abstração através dos dispositivos de reanimação, que permitiram manter um corpo humano por muito tempo em estado de pura vida vegetativa. As unidades de terapia intensiva, com mecanismos de respiração e de circulação sanguínea artificiais, através dos quais um corpo humano é mantido indefinidamente em suspensão entre a vida e a morte, é uma zona obscura, que não deve sair de seus confins estritamente médicos. O que, no entanto, aconteceu com a pandemia é que esse corpo artificialmente suspenso entre a vida e a morte se tornou o novo paradigma político, em função do qual os cidadãos devem regular seu comportamento. A manutenção a qualquer preço de uma vida nua abstratamente separada da vida social é o dado mais impressionante do novo culto instaurado pela medicina como religião.

Uma crítica que é feita ao Senhor é a do pessimismo com relação à sua concepção do estado de exceção e da maneira como se estrutura o poder. Segundo a sua teoria, nas democracias modernas capitalistas somos todos potencialmente homines sacri e o contexto do estado de emergência cria as condições para que a soberania se torne uma condição intransponível a que as sociedades dificilmente podem se opor. Gostaríamos de um comentário seu a respeito. Além disso, a seu ver, quais são as margens de resistência na situação atual, e qual é o novo que pode nascer?

Pessimismo e otimismo são categorias psicológicas que não têm nada a ver com as análises políticas, e aqueles que se servem delas mostram apenas a sua incapacidade de pensar. Simone Weil, que refletiu de modo exemplar sobre a mudança das categorias políticas na modernidade, em uma série de artigos dos anos 1930, já nos tinha alertado contra aqueles que, perante a ascensão do fascismo na Europa, se animavam com expectativas vazias e com palavras que tinham perdido o seu significado. Creio que devemos hoje nos perguntar seriamente se certas palavras que continuam a ser usadas – como democracia, poder legislativo, eleições, constituição – não perderam, há muito tempo, o seu significado originário.

Somente se formos capazes de fixar o olhar com lucidez nas novas formas de despotismo que foram substituindo essas palavras poderemos eventualmente conseguir definir as novas formas de resistência que lhes poderemos opor.

Nos últimos anos, a questão dos refugiados emergiu como um dos principais problemas que a humanidade enfrenta. O deslocamento das populações nas condições atuais pode ser comparado historicamente, ao menos em termos numéricos, com aquele que aconteceu depois das duas guerras mundiais. Tanto a Grécia quanto a Itália, devido à sua posição geopolítica, estão vivendo intensamente a questão da expatriação violenta de grandes populações de leste a oeste. Em

um texto seu intitulado Para além dos direitos do homem,[1] o senhor indica que as Declarações dos direitos constituem o lugar em que acontece a transição da soberania de origem divina para a soberania nacional, isto é, baseada no nascimento (em latim, natio significa nascimento). Assim a vida é integrada na esfera da soberania estatal. A transformação do súdito em cidadão significa a transformação da vida nua natural (do nascimento) em um corpo que incorpora e funda a soberania. O princípio de nascimento e o princípio de soberania, divididos no ancien régime, são agora unidos irrevogavelmente para constituir o fundamento do novo Estado-nação. Portanto nos encontramos perante a identificação do nascimento com a nação, enquanto o acesso ao direito pode ser atribuído ao homem somente a partir do momento em que ele é registrado como cidadão na esfera da soberania estatal. O refugiado constitui o ponto de ruptura entre o nascimento e a nacionalidade, rompe a identificação entre o homem e o cidadão, e, portanto, cria uma crise na narrativa dominante, no tríptico Estado-nação-território. Hoje, a estratégia europeia nos confrontos com os refugiados se dá através de gritos de guerra, usando países como a Grécia, a Turquia e a Líbia como depósitos de almas. Nesse texto, se sublinha a urgente necessidade de uma redefinição do conceito de cidadania no mundo europeu, que permita uma integração mais ágil dessas populações. Gostaríamos de um comentário seu a respeito.

---

1. Texto publicado originalmente em 1993, no jornal *Libération*, e posteriormente republicado no livro *Mezzi senza fine: note sulla politica*. Torino: Bollati Boringhieri, 1996. [Ed. bras.: Giorgio Agamben, "Para além dos direitos do homem". In: *Meios sem fim: notas sobre a política*. Trad. Davi Pessoa. Belo Horizonte: Autêntica, 2015.]

No texto que cita, tentei, seguindo os passos de um artigo de Hannah Arendt intitulado *We refugees*[2] (Nós, refugiados), contrapor a figura do refugiado à do cidadão como paradigma político fundador. Trata-se de pôr em questão o sentido da declaração dos direitos de 1789 e da sua retomada no século xx, com a sua equívoca distinção-identificação entre o homem e o cidadão. E como Arendt tinha escrito que os refugiados eram em realidade a vanguarda de seus povos, eu propunha substituir o cidadão pelo refugiado como fundamento de um novo horizonte da política, cuja urgência era incontornável. A noção de cidadania, que de Atenas até a modernidade estava no centro da vida política da cidade, nas últimas décadas tinha ido progressivamente se esvaziando de qualquer conteúdo político real. Sob a influência da dimensão biopolítica e, depois, com a instauração do paradigma da segurança, a cidadania exprimia uma condição sempre mais passiva, objeto de um controle crescente e generalizado.

Com o novo paradigma da biossegurança que está se instaurando sob os nossos olhos, a noção de cidadania se modificou completamente e o cidadão se tornou o objeto passivo de cuidados, controles e suspeitas de todo tipo. A pandemia mostrou, sem deixar dúvidas, que o cidadão se reduz à sua existência biológica nua. Desse modo, ele se avizinha à figura do refugiado até quase se confundir com ela. Hoje, o refugiado se tornou interno ao próprio corpo do cidadão. Desenha-se assim uma nova guerra civil, na qual o inimigo é, como o vírus, interno ao próprio corpo. E, como geralmente acontece toda vez que aqueles que se combatem se tornaram demasiado semelhantes, a guerra civil se faz ainda mais feroz e sem trégua possível.

---

2. Hannah Arendt, "Nós, refugiados". In: *Escritos judaicos*. Trad. Laura Degaspare et al. Barueri: Amarilys, 2016.

■ A situação extrema criada pela epidemia gerou um clima de pânico. A resposta veio principalmente dos Estados nacionais, e não tanto das organizações internacionais, muito confusas em relação ao que fazer. A expansão da globalização – mas também a incapacidade do soberano de legitimar os fundamentos do seu poder – sobre os indivíduos e na sociedade parecia eliminar o papel dos Estados nacionais na gestão política, erigindo o mercado como único fato regulador. Hoje, diante da epidemia, o conceito de líder foi reforçado e os governantes dos Estados se apresentam como os salvadores da sociedade – é o que estamos vivendo na Grécia. Qual será a condição do Estado-nação depois da pandemia?

As minhas investigações arqueológicas sobre a história da política ocidental me mostraram que o sistema que esta estabelece é sempre bipolar. Em um livro justamente célebre, Karl Polanyi demonstrou que já na época da primeira Revolução Industrial a ideologia do mercado, que parecia contrapor-se ao poder estatal, na realidade, fazia sistema com ele e somente através dessa secreta colaboração pôde levar a cabo a sua grande transformação da sociedade ocidental. Em todas as épocas, o poder estatal sempre conviveu com as novas forças que se afirmavam dentro ou fora dele, e isso vale seja para a dualidade entre poder temporal e poder espiritual na Idade Média, seja para o antagonismo entre movimentos operários e organizações estatais no século XX. Quando, hoje, se fala de globalização e de grandes espaços e do consequente eclipse do Estado-nação, não se deve esquecer que essa aparente antítese desembocará em uma transformação dos poderes estatais, mas não em sua abolição. O sistema bipolar que define a política ocidental continuará a funcionar em novas formas. A pandemia mostrou claramente que uma estratégia certamente global como a preconizada pela Organização Mundial da Saúde e por Bill Gates, de quem a OMS é, de fato, uma emanação, não pode ser realizada sem intervenção decisiva dos Estados-nação, que são os únicos que podem tomar, como fizeram, as medidas coercitivas das quais aquela estratégia precisa. A epidemia – que se refere sempre a determinado *demos* – se inscreve assim em uma pan-demia, em que o *demos* não é mais um determinado corpo político, mas uma população biopolítica.

Na imprensa alemã, lemos recentemente artigos que levantavam a seguinte questão: qual forma enfrentou do melhor modo a crise pandêmica, a democracia ou o despotismo? A pergunta aristotélica pelo Estado ideal, que tinha sido por muito tempo submetida à supremacia triunfante da democracia liberal, está, com cautela, retornando. A contestação do status quo **liberal e globalizado será obrigada a atravessar as redes autoritárias e centralizadas ou há uma perspectiva de recriar uma política democrática para além do Estado e do mercado?** O fato de que, com relação à epidemia, um Estado totalitário possa ser citado como modelo mostra a que ponto de irresponsabilidade política se pode chegar. O erro aqui não consiste em levantar a questão da eventual inadequação do sistema democrático. Já Heidegger, em um contexto diverso, se tinha perguntado, não sem razão, se a democracia era a forma política adequada frente à penetração total da tecnologia. A falha está em colocar a alternativa entre democracia e despotismo. É preciso pensar uma outra figura da política, que escape à eterna oscilação, a que assistimos há décadas, entre uma democracia que degenera em despotismo e um totalitarismo que assume formas aparentemente democráticas. Sabemos já, desde Tocqueville, que a democracia tende a degenerar em despotismo, e, para um observador atento, é difícil decidir se nós vivemos hoje, na Europa, em uma democracia que assume formas cada vez mais despóticas de controle ou em um Estado totalitário que se disfarça de democracia. É para além de ambas que deverá se configurar uma política por vir.

Nas suas declarações mais recentes, o senhor criticou a administração estatal pela sua gestão da pandemia, e em particular pela imposição de medidas de proibição e de suspensão de muitas atividades sociais. Todavia, essas medidas foram recebidas com evidente cautela, senão com hostilidade, inclusive por um número significativo de funcionários governamentais. Os exemplos característicos são Donald Trump, Jair Bolsonaro, Boris Johnson, ditadores como Aleksandr Lukashenko e obviamente muitos atores do mercado internacional. Como o senhor avalia essa aversão às medidas proibitivas expressa por alguns setores da elite internacional?

Também nesse caso se pode medir o grau de confusão em que a situação de emergência lançou as mentes daqueles que deveriam permanecer lúcidos, como também a que ponto a oposição entre direita e esquerda se esvaziou completamente de qualquer conteúdo político real. Uma verdade continua sendo tal, quer seja dita à esquerda quer seja dita à direita. Se um fascista diz que 2+2=4, isto não é uma objeção contra a matemática. Recentemente, na Alemanha, um movimento de extrema esquerda que se chama significativamente *Demokratischer Widerstand*, "resistência democrática", e que protestava com razão contra as violações das liberdades constitucionais, foi violentamente atacado pela mídia porque compartilhava esses protestos com a extrema direita. Um dos órgãos do sistema dominante, *Der Spiegel*, me entrevistou para conhecer a minha opinião a propósito, uma vez que aquele movimento se referia explicitamente ao meu nome. Quando declarei que não tinha nada a ver com o grupo, mas que considerava que eles tinham todo o direito de expressar sua opinião e que o fato de que a extrema direita tivesse semelhantes reivindicações não afetava em nada sua validade, o jornalista do *Spiegel*, de acordo com o mau hábito que distingue aquela revista, simplesmente cortou a minha resposta, publicando apenas a primeira metade dela.

É preciso, nesses casos, analisar as razões que levaram os líderes políticos que a senhora citou a professar uma determinada opinião e não outra e examinar as estratégias nas quais uma opinião em si correta é utilizada, em vez de colocar em questão a verdade daquela opinião.

Entrevista com Dimitra Pouliopoulou para a revista grega Babylonia, *20 de maio de 2020*

Réquiem para os estudantes

Como tínhamos previsto, as aulas na universidade serão realizadas online no próximo ano. Aquilo que para um observador atento era evidente, ou seja, que a assim considerada pandemia seria usada como pretexto para a difusão sempre mais invasiva das tecnologias digitais, se realizou completamente.

Não nos interessa aqui a consequente transformação da didática, na qual o elemento da presença física, tão importante em todos os tempos na relação entre estudantes e docentes, desaparece definitivamente, como desaparecem as discussões coletivas nos seminários, que eram a parte mais viva do ensino. Faz parte da barbárie tecnológica que estamos vivendo apagar da vida toda experiência dos sentidos e a perda do olhar, permanentemente aprisionado em uma tela espectral.

Muito mais decisivo em tudo o que está acontecendo é algo de que, significativamente, não se fala em absoluto, ou seja, o fim do estudantado como forma de vida. As universidades nasceram na Europa a partir das associações de estudantes – *universitates* – e a elas devem seu nome. A forma de vida do estudante era, portanto, antes de tudo uma forma de vida em que era certamente determinante o estudo e a escuta das aulas, mas não menos importante eram o encontro e a assídua troca como os outros *scholarii*, que provinham frequentemente de lugares mais remotos e se reuniam segundo o lugar de origem em *nationes*. Essa forma de vida evoluiu de modo variado no curso dos séculos, mas, dos *clerici vagantes* da Idade Média aos movimentos estudantis do século xx, a dimensão social do fenômeno era constante. Quem quer que tenha ensinado em uma sala de aula universitária sabe bem como, por assim dizer sob os seus olhos, nasciam amizades e se constituíam, segundo os interesses culturais e políticos, pequenos grupos de estudo e de pesquisa, que também continuavam a se encontrar após o final da aula.

Tudo isso, que durou quase dez séculos, agora termina para sempre. Os estudantes não viverão mais na cidade onde tem sede a universidade, mas cada um assistirá às aulas fechado em seu quarto, separado, às vezes, por centenas de quilômetros daqueles que eram outrora seus colegas. As pequenas cidades, sedes de universidades outrora famosas, verão desaparecer das ruas aquela comunidade de estudantes que constituíam muito frequentemente sua parte mais viva.

De todo fenômeno social que morre se pode afirmar que, num certo sentido, merecia o seu fim, e é certo que as nossas universidades tinham chegado a tal ponto de corrupção e de ignorância especialista que não é possível lamentá-las e que a forma de vida dos estudantes se tinha consequentemente empobrecido na mesma medida. Dois pontos devem, porém, ficar claros:

1. os professores que aceitam – como estão fazendo em massa – submeter-se à nova ditadura telemática e manter seus cursos apenas online são o perfeito equivalente dos docentes universitários que em 1931 juraram fidelidade ao regime fascista. Como acontecia então, é provável que apenas quinze em mil se recusarão, mas certamente seus nomes serão lembrados junto daqueles quinze docentes que não juraram.

2. Os estudantes que amam realmente o estudo deverão se recusar a se inscrever nas universidades assim transformadas e, como na origem, se constituir em novas *universitates*.

Somente no interior delas poderá, frente à barbárie tecnológica, permanecer viva a palavra do passado e nascer – se vier a nascer – algo como uma nova cultura.

24 de maio de 2020

Dois vocábulos infames

Nas polêmicas que surgiram durante a emergência sanitária apareceram dois vocábulos infames, que tinham, segundo toda evidência, o único propósito de desacreditar aqueles que, frente ao medo que tinha paralisado as mentes, ainda insistiam em pensar: "negacionista" e "teoria da conspiração".

Sobre o primeiro não vale a pena gastar demasiadas palavras, uma vez que, colocando irresponsavelmente sobre o mesmo plano o extermínio dos judeus e a epidemia, quem faz uso dele demonstra participar conscientemente ou inconscientemente daquele antissemitismo, outrora tão difuso, tanto à direita quanto à esquerda, da nossa cultura. Como sugerem amigos judeus, justamente ofendidos, seria oportuno que a comunidade judaica se pronunciasse sobre esse indigno abuso terminológico.

Vale a pena, no entanto, deter-se sobre o segundo termo, que dá testemunho de uma ignorância da história realmente surpreendente. Quem tem familiaridade com as pesquisas dos historiadores sabe bem que os acontecimentos que eles reconstroem e narram são necessariamente o fruto de planos e ações muito frequentemente combinados por indivíduos, grupos e facções que perseguem com todos os meios os seus propósitos.

Três exemplos entre mil outros possíveis, cada um dos quais assinalou o fim de uma época e o início de um novo período histórico.

Em 415 a. C., Alcibíades põe em jogo seu prestígio, suas riquezas e todos os expedientes possíveis para convencer os atenienses a realizarem uma expedição à Sicília que se revelará mais tarde desastrosa e coincidirá com o fim da potência de Atenas. Seus adversários, por sua vez, se aproveitam da mutilação das estátuas de Hermes, ocorrida alguns dias antes da partida da expedição, recrutam falsas testemunhas e conspiram contra ele para fazê-lo ser condenado à morte por impiedade.

No 18 Brumário (9 de novembro de 1799), Napoleão Bonaparte, apesar de ter declarado fidelidade à Constituição da República, derrubou, com um golpe de Estado, o Diretório e se proclamou primeiro cônsul, pondo fim à Revolução. Nos dias precedentes, Napoleão tinha-se encontrado com Sieyès, Fouché e Lucien Bonaparte para ajustar a estratégia de permitiria superar a esperada oposição do Conselho dos Quinhentos.

Em 28 de outubro de 1922, tem lugar a marcha sobre Roma de cerca de 25 mil fascistas. Nos meses que precederam o evento, Mussolini, que o tinha preparado com os futuros triúnviros De Vecchi, De Bono e Bianchi, fez contato com o presidente do conselho, Luigi Facta, com Gabriele D'Annunzio e expoentes do mundo empresarial (segundo alguns, ter-se-ia encontrado secretamente até com o rei) para testar possíveis alianças e eventuais reações. Em uma espécie de ensaio geral, em 2 de agosto, os fascistas ocupam militarmente Ancona.

Em todos esses três eventos, indivíduos reunidos em grupo ou partidos agiram de forma decisiva para realizar os fins que se propunham, avaliando de tempos em tempos circunstâncias mais ou menos previsíveis e adaptando a elas as suas próprias estratégias. Certamente, como em todo acontecimento humano, o acaso tem a sua parte, mas explicar através do acaso a história dos homens não faz nenhum sentido e nenhum historiador sério jamais fez isso. Não é necessário falar de "conspiração" aqui, mas é certo que aquele que define como teóricos da conspiração os historiadores que procuraram reconstruir em detalhes as tramas e o desenvolvimento desses acontecimentos daria prova de ignorância, se não de idiotice.

Por isso, é ainda mais espantosa a obstinação de fazê-lo em um país, como a Itália, cuja história recente é a tal ponto fruto de intrigas e sociedades secretas, manobras e conjurações de todo tipo, que os historiadores não conseguem dar conta de muitos eventos decisivos dos últimos cinquenta anos, das bombas da Piazza Fontana ao assassinato de Aldo Moro. Tanto isso é verdade que o próprio Francesco Cossiga, ex-presidente da República, declarou ter, no seu tempo, feito ativamente parte de uma dessas sociedades secretas, conhecida pelo nome de Gladio.

No que diz respeito à pandemia, pesquisas confiáveis mostram que ela não chegou de modo inesperado. Como documenta de modo eficaz o livro de Patrick Zylberman *Tempêtes microbiennes* (Gallimard, 2013), a Organização Mundial de Saúde, já em 2005, por ocasião da gripe aviária, tinha sugerido um cenário como o atual, propondo-o aos governos como um modo de assegurar o apoio incondicional dos cidadãos. Bill Gates, que é o principal financiador daquela organização, fez conhecer em muitas ocasiões suas ideias sobre os riscos de uma pandemia, que, nas suas previsões, teria provocado milhões de mortos e contra a qual era preciso se preparar. Assim, em 2019, o centro americano Johns Hopkins, em uma pesquisa financiada pela Fundação Bill e Melinda Gates, organizou um exercício de simulação da pandemia de coronavírus, chamada "Evento 201", reunindo especialistas e epidemiologistas, para preparar uma resposta coordenada em caso de aparecimento de um novo vírus.

Como sempre na história, também nesse caso há homens e organizações que perseguem seus objetivos lícitos e ilícitos e procuram com todos os meios realizá-los, e é importante que quem quiser compreender o que acontece os conheça e os leve em conta. Falar, por isso, de uma conspiração não atinge em nada a realidade dos fatos. Mas definir como teóricos da conspiração aqueles que procuram conhecer os acontecimentos históricos pelo que são é simplesmente infame.

10 de julho de 2020

O direito e a vida

A situação atual, em que a saúde dos seres humanos se tornou aquilo que está em jogo no direito e na política, oferece a ocasião de refletir sobre as relações corretas que devem existir entre o direito e a vida. Um grande historiador do direito romano, Yan Thomas, mostrou como na jurisprudência romana a natureza e a vida natural dos seres humanos não entram jamais como tais no direito, mas permanecem separados deste e funcionam apenas como um pressuposto fictício para uma determinada situação jurídica. Assim, o princípio natural segundo o qual tudo é comum a todos vale somente como uma limitação que exclui da esfera da propriedade legal o ar, o mar e os rios, mas a coisa comum a todos se torna imediatamente uma *res nullius*, que funda a propriedade do primeiro que se apodera dela. Analogamente, a cidadania é um dado jurídico imprescritível e indisponível, que – diferentemente do *domicilium*, que depende da residência física em um determinado lugar – se adquire através da *origo*, a qual não é, porém, o fato natural do nascimento, mas uma construção jurídica ligada ao lugar de nascimento do pai.

Os juristas do século XX transformaram esse artifício jurídico no *ius sanguinis*, em que, como escreve Yan Thomas, "uma mística de sangue que conduz à ideologia biológica hoje dominante se sobrepõe àquela que era apenas uma construção genealógica fictícia".[1] O que aconteceu a partir das primeiras décadas do século xx é que o direito tendeu progressivamente a incluir em si a vida, a fazer dela seu objeto específico, ocasionalmente a ser protegido ou a ser excluído. O fato de o direito se encarregar da vida não tem, como se poderia acreditar, apenas aspectos positivos, mas, ao contrário, abre caminho para os riscos mais extremos. Como os estudos de Michel Foucault mostraram de forma eficaz, a biopolítica tende, de fato, a se converter fatalmente em tanatopolítica. Quanto mais o direito começa a se ocupar explicitamente da vida biológica dos cidadãos como um bem a ser cuidado e promovido, tanto mais esse interesse lança imediatamente a sua sombra na ideia de uma vida que, como reza o título de uma obra celebérrima publicada na Alemanha em 1920, "não merece ser vivida" [*lebensunwertes Leben*].[2]

Toda vez que se determina um valor, com efeito também se coloca, necessariamente, um não valor, e a outra face da proteção da saúde é a exclusão e a eliminação de tudo o que pode conduzir à doença. O fato de que o primeiro exemplo de uma legislação em que um Estado assume programaticamente o cuidado da saúde dos cidadãos é a eugenia nazista deveria nos fazer refletir com atenção. Imediatamente após a ascensão ao poder, em julho de 1933, Hitler fez promulgar uma lei para proteger o povo alemão das doenças hereditárias, que levou à criação de comissões especiais para a saúde hereditária (*Erbgesundheitsgerichte*) que decidiram pela esterilização forçada de 400 mil pessoas. Menos conhecido é o fato de que, bem antes do nazismo, uma política eugenista, fortemente financiada pelo Carnegie Institute e pela Rockefeller Foundation, tinha sido programada nos Estados

---

1. Yan Thomas, "Citoyens et résidents dans les cités de l'Empire romain. Essai sur le droit d'origine". In: Laurent Mayali (ed.). *Identité et droit de l'autre*. Berkeley: University of California at Berkeley, 1994, p. 54.
2. Karl Binding und Alfred Hoche, *Die Freigabe der Vernichtung lebensunwerten Lebens*. Ihr Maß und ihre Form. Hansebooks, 2018.

Unidos, em particular na Califórnia, e que Hitler tinha explicitamente se referido àquele modelo. Se a saúde passa a ser objeto de uma política estatal transformada em biopolítica, então ela cessa de ser algo que diz respeito principalmente à livre decisão de cada indivíduo e se torna uma obrigação a ser cumprida a qualquer preço, por mais alto que seja.

Assim como Yan Thomas mostrou, em relação à história do direito, que o direito e a vida não devem ser confundidos, do mesmo modo é bom que direito e medicina também permaneçam separados. A medicina tem a tarefa de curar as doenças segundo os princípios que ela segue há séculos e que o juramento de Hipócrates sanciona irrevogavelmente. Se, ao firmar um pacto necessariamente ambíguo e indeterminado com os governos, ela se coloca, ao contrário, em posição de legisladora, não apenas isso não conduz, como se viu na Itália em relação à pandemia, a resultados positivos no plano da saúde, como pode conduzir a inaceitáveis limitações das liberdades dos indivíduos, para as quais as razões médicas podem oferecer, como deveria ser evidente para todos hoje, o pretexto ideal para um controle sem precedentes da vida social.

Texto inédito

Estado de emergência e estado de exceção

Um jurista pelo qual tive um dia certa estima, em um artigo recentemente publicado em um jornal alinhado, procura justificar, com argumentos que pretendem ser jurídicos, o estado de exceção pela enésima vez declarado pelo governo. Retomando sem confessá-lo a distinção schmittiana entre ditadura comissária, que tem o propósito de conservar ou restaurar a constituição vigente, e ditadura soberana, que visa, ao contrário, instaurar uma nova ordem, o jurista distingue entre emergência e exceção (ou, como seria mais preciso, entre estado de emergência e estado de exceção). A argumentação, na verdade, não tem nenhuma base no direito, uma vez que nenhuma constituição pode prever sua legítima subversão. Por isso, com razão, em seu escrito sobre a *Teologia política*, que contém a famosa definição do soberano como aquele "que decide sobre o estado de exceção", Schmitt fala simplesmente de *Ausnahmezustand*, "estado de exceção", que, na doutrina alemã e também fora dela, se impôs como termo técnico para definir essa terra de ninguém entre a ordem jurídica e o fato político e entre a lei e sua suspensão.

Decalcando a primeira distinção schmittiana, o jurista afirma que a emergência é conservadora, enquanto a exceção é inovadora. "À emergência se recorre para retornar o mais rápido possível à normalidade, à exceção se recorre, por sua vez, para quebrar a regra e impor uma nova ordem." O estado de emergência "pressupõe a estabilidade de um sistema", "a exceção, ao contrário, a sua dissolução, que abre caminho para um sistema diferente".

A distinção é, segundo todas as evidências, política e sociológica e remete a um juízo de valor pessoal sobre o estado de coisas do sistema em questão, sobre a sua estabilidade ou sobre a sua dissolução e sobre as intenções daqueles que têm o poder de decretar uma suspensão da lei que, do ponto de vista jurídico, é substancialmente idêntica no estado de emergência e no estado de exceção, porque nos dois casos se resolve com a pura e simples suspensão das garantias constitucionais. Quaisquer que sejam seus propósitos, que ninguém pode pretender avaliar com certeza, o estado de exceção é um só e, uma vez declarado, não se prevê nenhuma instância que tenha o poder de verificar a realidade ou a gravidade das condições que o determinaram. Não é um acaso que o jurista tenha que escrever em certo ponto: "Que hoje se esteja frente a uma emergência sanitária a mim parece indubitável." Um juízo subjetivo, proferido curiosamente por alguém que não pode reivindicar nenhuma autoridade médica, e ao qual é possível opor outros juízos certamente mais autorizados, tanto mais que ele admite que "da comunidade científica provêm vozes discordantes", e que, portanto, quem decide sobre isso é, em última instância, quem tem o poder de decretar a emergência. O estado de emergência, ele prossegue, diferentemente do de exceção, que compreende poderes indeterminados, "inclui apenas os poderes destinados ao propósito pré-determinado de retornar à normalidade" e, todavia, ele admite logo depois, tais poderes "não podem ser especificados preventivamente". Não é necessária uma grande cultura jurídica para se dar conta de que, do ponto de vista da suspensão das garantias constitucionais, que deveria ser a única coisa relevante, entre os dois estados não há nenhuma diferença.

A argumentação do jurista é duplamente capciosa, porque não apenas introduz como jurídica uma distinção que não é tal, mas, para justificar a qualquer preço o estado de exceção decretado pelo governo, é constrangido a recorrer a argumentações factuais e discutíveis que vão além de suas competências. E isso é tanto mais surpreendente, na medida em que ele deveria saber que, nisso que para ele é apenas um estado de emergência, foram suspensos e violados direitos e garantias constitucionais que nunca tinham sido colocados em questão, nem mesmo durante as duas guerras mundiais e o fascismo; e o fato de que não se trata de uma situação temporária é algo afirmado com força pelos próprios governantes, que não cansam de repetir que o vírus não apenas não desapareceu, mas pode reaparecer a qualquer momento. É talvez por um resquício de honestidade intelectual que, ao final do artigo, o jurista menciona a opinião de quem, "não sem bons argumentos, sustenta que, independente do vírus, o mundo inteiro vive, de qualquer modo, de modo mais ou menos estável em um estado de exceção" e que "o sistema econômico-social do capitalismo" não é capaz de enfrentar suas crises com o aparato do estado de direito. Nessa perspectiva, ele admite que "a infecção pandêmica do vírus que mantém em xeque sociedades inteiras seja uma coincidência e uma oportunidade imprevista, a ser aproveitada para ter sob controle o povo oprimido". É legítimo convidá-lo a refletir com mais atenção sobre o estado da sociedade em que vive e a lembrar que os juristas não são apenas, como se tornaram infelizmente já há algum tempo, burocratas a quem incumbe apenas o ônus de justificar o sistema em que vivem.

30 de julho de 2020

Filosofia do contato

Dois corpos estão em contato quando se tocam. Mas o que significa tocar-se? O que é o contato? Giorgio Colli lhe deu uma aguda definição afirmando que dois pontos estão em contato quando estão separados apenas por um vazio de representação. O contato não é um ponto de contato, que em si não pode existir, porque toda quantidade contínua pode ser dividida. Dois entes se dizem em contato quando entre eles não se pode inserir nenhum meio, quando eles são, portanto, imediatos. Se entre duas coisas se situa uma relação de representação (por exemplo: sujeito-objeto, marido-mulher, senhor-servo, distância-vizinhança), não se dirá que estão em contato: mas se não há qualquer representação, se entre elas não há nada, então e somente então se poderá dizer que estão em contato. Isso também pode ser expresso dizendo que o contato é irrepresentável, que da relação que está aqui em questão não é possível se dar uma representação – ou, como escreve Colli, que "o contato é, portanto, a indicação de um nada representativo, de um interstício metafísico".

O defeito dessa definição é que, na medida em que precisa recorrer a expressões puramente negativas, como "nada" e "não representável", ela corre o risco de se desvanecer na mística. O próprio Colli precisa que o contato só pode ser dito imediato de modo aproximado, que a representação não pode nunca ser integralmente eliminada. Contra todo risco de abstração, será então útil voltar ao ponto de partida e perguntar-se novamente o que significa "tocar" – interrogar, portanto, o mais humilde e terreno dos sentidos que é o tato.

Sobre a natureza particular do tato, que o diferencia dos outros sentidos, refletiu Aristóteles. Para todos os sentidos existe um meio (*metaxy*), que desempenha uma função determinante: para a vista, o meio é o diáfano, que, iluminado pela cor, atua sobre os olhos; para a audição, é o ar, que, movido por um corpo sonoro, bate no ouvido. O que distingue o tato dos outros sentidos é que nós percebemos o tangível não "porque o meio exerce uma ação sobre nós, mas junto com (*ama*) o meio". Esse meio, que não é externo a nós, mas está em nós, é a carne (*sarx*). Mas isso significa que o que é tocado é não apenas o objeto externo, mas também a carne que é movida ou comovida por ele – que, em outras palavras, no contato nós tocamos a nossa própria sensibilidade, somos afetados pela nossa própria receptividade. Enquanto na visão não podemos ver os nossos olhos e na audição não podemos perceber a nossa faculdade de ouvir, no tato nós tocamos a nossa própria capacidade de tocar e de sermos tocados. O contato com um outro corpo é, portanto, ao mesmo tempo e sobretudo contato consigo mesmo. O tato, que parece inferior aos outros sentidos, é, então, de algum modo, o primeiro deles, porque é nele que se gera algo como um sujeito, que na visão e nos outros sentidos é de algum modo abstratamente pressuposto. Temos pela primeira vez uma experiência de nós mesmos quando, tocando um outro corpo, tocamos ao mesmo tempo a nossa carne.

Se, como se tenta hoje perversamente fazer, se abole todo contato, se tudo e todos forem mantidos à distância, nós perderemos então não apenas a experiência dos outros corpos, mas, antes de tudo, toda imediata experiência de nós mesmos, perderemos, portanto, pura e simplesmente, a nossa carne.

5 de janeiro de 2021

A guerra e a paz

É preciso levar a sério a tese, repetida muitas vezes pelos governos, segundo a qual a humanidade e toda nação se encontram atualmente em estado de guerra. Nem é preciso dizer que uma semelhante tese serve para legitimar o estado de exceção com suas drásticas limitações da liberdade de movimento e expressões absurdas como "toque de recolher", de outro modo dificilmente justificáveis. O vínculo que une os poderes de governo e a guerra é, porém, mais íntimo e consubstancial. O fato é que a guerra é algo de que eles não podem de modo algum prescindir de modo duradouro. Em seu romance, Tolstói contrapõe a paz – em que os homens seguem mais ou menos livremente seus desejos, sentimentos e pensamentos e que se apresenta para ele como a única realidade – à abstração e à mentira da guerra – em que tudo parece compelido por uma necessidade inexorável. E no seu afresco no palácio público de Siena, Lorenzetti representa uma cidade em paz, cujos habitantes se movem livremente segundo suas ocupações e seus prazeres, enquanto em primeiro plano meninas dançam de mãos dadas. Embora o afresco seja tradicionalmente intitulado *O bom governo*, uma semelhante condição – tecida como é pelos pequenos eventos quotidianos da vida comum e pelos desejos de cada um – é, na verdade, em longo prazo, ingovernável para o poder. Por mais que possa ser submetida a limites e controles de todo gênero, ela tende, de fato, pela sua natureza, a escapar aos cálculos, às planificações e às regras – ou, ao menos, esse é o secreto temor do poder. Isso também pode ser expresso dizendo que a história, sem a qual o poder é em última análise impensável, é estreitamente solidária com a guerra, ao passo que a vida na paz é por definição sem história. Ao dar a seu romance o título *A História*, em que as vicissitudes de algumas simples criaturas são contrapostas à guerra e aos catastróficos eventos que marcam os acontecimentos públicos do século xx, Elsa Morante tinha em mente algo do gênero.

Por isso, os poderes que querem governar o mundo devem cedo ou tarde recorrer a uma guerra, não importa se verdadeira ou cuidadosamente simulada. E uma vez que, no estado de paz, a vida dos homens tende a sair de toda dimensão histórica, não surpreende que os governos de hoje não se cansem de lembrar que a guerra ao vírus assinala o início de uma nova época histórica, na qual nada será como antes. E muitos, entre aqueles que vendam os olhos para não ver a situação de não liberdade em que caíram, a aceitam precisamente porque estão convencidos, não sem uma ponta de orgulho, de estarem entrando – depois de quase setenta anos de vida pacífica, isto é, sem história – em uma nova era.

Mesmo se, como é muito evidente, esta será uma época de servidão e de sacrifícios em que tudo aquilo que torna a vida digna de ser vivida terá que sofrer mortificações e restrições, eles se submetem de bom grado a ela, porque creem tolamente terem encontrado desse modo, para a vida deles, aquele sentido que, sem percebê-lo, tinham perdido na paz.

É possível, todavia, que a guerra ao vírus, que parecia um dispositivo ideal, que os governos podem dosar e orientar segundo suas próprias exigências bem mais facilmente que uma guerra real, acabe, como toda guerra, saindo do controle. E talvez nesse ponto, se não for tarde demais, os homens procurarão aquela paz ingovernável que eles tão imprudentemente abandonaram.

23 de fevereiro de 2021

O que é o medo?

O que é o medo, no qual os homens parecem hoje ter caído a ponto de esquecer as próprias convicções éticas, políticas e religiosas? Algo familiar, certamente – e, no entanto, se tentamos defini-lo, ele parece obstinadamente subtrair-se à compreensão.

Ao medo como tonalidade emotiva Heidegger deu um tratamento exemplar no parágrafo 30 de *Ser e Tempo*.[1] Este pode ser compreendido apenas se não esquecermos que o Ser-aí (este é o termo que designa a estrutura existencial do homem) já está sempre disposto em uma tonalidade emotiva, que constitui a sua originária abertura ao mundo. Precisamente porque na situação emotiva está em questão a descoberta originária do mundo, a consciência já é sempre antecipada por ela e não pode, portanto, dispor dela nem acreditar que pode dominá-la ao seu gosto. A tonalidade emotiva não deve ser, com efeito, de modo algum confundida com um estado psicológico, mas tem o significado ontológico de abertura que já sempre abriu o homem no seu ser no mundo, e é apenas a partir dela que são possíveis experiências,

---

1. O leitor brasileiro dispõe hoje de duas traduções da obra de Heidegger para a língua portuguesa: Heidegger, M. *Ser e Tempo*. 3. ed. Tradução revisada de Marcia Sá Cavalcante Schuback. Bragança Paulista-SP: Editora Universitária São Francisco; Petrópolis-RJ: Vozes, 2008; e Heidegger, M. *Ser e Tempo*. Edição bilíngue. Tradução, organização, nota prévia, anexos e notas: Fausto Caustilho. Campinas-SP: Unicamp; Petrópolis-RJ: Vozes, 2012. Para as citações, não utilizarei nenhuma dessas duas traduções, mas traduzirei diretamente a tradução que o próprio Agamben dá das passagens citadas, uma vez que ele cita a edição original alemã.

afecções e conhecimentos. "A reflexão pode encontrar experiências apenas porque a tonalidade emotiva já abriu o Ser-aí".[2] Ela nos assalta, mas "não vem nem de fora nem de dentro: surge no próprio ser-no-mundo como uma sua modalidade".[3] Por outro lado, essa abertura não implica que o que ela abre seja reconhecido como tal. Ao contrário, ela manifesta apenas uma nua facticidade: "o puro 'que é' se manifesta; o de onde e o para onde ficam escondidos".[4] Por isso Heidegger pode dizer que a situação emotiva abre o Ser-aí no "ser-lançado" e "entregue" ao seu próprio "aí". A abertura que tem lugar na tonalidade emotiva tem, portanto, a forma de um ser devolvido a algo que não pode ser assumido e de que se tenta – sem sucesso – escapar.

Isso fica evidente no mau humor, no tédio e na depressão, que, como toda tonalidade emotiva, abrem o Ser-aí "mais originariamente do que qualquer percepção de si", mas também o fecham "mais decididamente que qualquer não percepção".[5] Assim, na depressão, "o Ser-aí torna-se cego para si mesmo; o mundo circundante de que se cuida se vela, a previsão circundante se torna obscura"; e, todavia, também aqui o Ser-aí é entregue a uma abertura da qual não pode de modo algum se liberar.

É contra o pano de fundo dessa ontologia das tonalidades afetivas que é preciso situar o tratamento do medo. Heidegger começa examinando três aspectos do fenômeno: o "diante de que" (*Wovor*) do medo, o "ter medo" (*Fürchten*) e o "pelo que" (*Worum*) do medo. O "diante de que", o objeto do medo é sempre um ente intramundano. O que amedronta é sempre – qualquer que seja sua natureza – algo que se dá no mundo e que, como tal, tem o caráter do que é ameaçador e nocivo. Ele é mais ou menos conhecido, "mas nem por isso tranquilizador" e, qualquer que

---

2. Heidegger, M. *Sein und Zeit*. Tübingen: Max Niemeyer Verlag, 1993, p. 136.
3. Ibid.
4. Ibid., p. 134.
5. Ibid., p. 136.

seja a distância de onde provém, se situa em uma determinada proximidade. "O ente nocivo e ameaçador não está ainda a uma distância controlável, mas se avizinha. À medida que se avizinha, o caráter de nocivo se intensifica e produz assim a ameaça... Enquanto se avizinha, o nocivo se torna ameaçador, pois podemos ser atingidos ou não. Ao fazer-se mais próximo, aumenta este 'é possível mas talvez não'... o aproximar-se do que é nocivo nos faz descobrir a possibilidade de sermos poupados, de ele passar ao largo, mas isso não suprime nem diminuiu o mesmo, antes o aumenta".[6] (Esse caráter, por assim dizer, de "certa incerteza" que caracteriza o medo é evidente também na definição de lhe dá Spinoza: uma "tristeza inconstante", em que "se duvida do acontecimento de algo que se odeia".)

Quanto à segunda característica do medo, o temer (o próprio "ter medo"), Heidegger precisa que não é previsto primeiro, racionalmente, um mal futuro, que, depois, em um segundo tempo, é temido: ao contrário, desde o início a coisa que se aproxima é descoberta como temível. "Somente tendo medo, o medo pode, observando expressamente, dar-se conta do que dá medo. Damo-nos conta do que dá medo, porque nos encontramos já na situação emotiva do medo. O temer, enquanto possibilidade latente do ser-no-mundo emotivamente disposto, a medrosidade, já descobriu o mundo de modo tal que dele pode se aproximar algo que dá medo".[7] A medrosidade, enquanto abertura originária do Ser-aí, precede sempre todo medo determinável.

Por fim, quanto ao "pelo que", ao "por quem e por que coisa" o medo tem medo, está sempre em questão o próprio ente que tem medo, o Ser-aí, esse homem determinado. "Somente um ser para o qual, no seu existir, está em jogo o seu próprio existir, pode se amedrontar. O medo abre esse ente no seu estar em perigo, no

---

6. Ibid., p. 140-141.
7. Ibid., p. 141.

seu ser abandonado a si mesmo".[8] O fato de que às vezes se sinta medo pela própria casa, pelos próprios bens ou pelos outros não é uma objeção contra esse diagnóstico: pode-se dizer que se "tem medo" por um outro, sem por isso se amedrontar de verdade e, se sentimos efetivamente medo, é por nós mesmos, enquanto tememos que o outro seja arrancado de nós.

O medo é, nesse sentido, um modo fundamental da disposição emotiva, que abre o ser humano no seu já ser sempre exposto e ameaçado. Dessa ameaça existem naturalmente diversos graus e medidas: se algo de ameaçador, que está à nossa frente com o seu "por enquanto ainda não, mas, todavia, a qualquer momento", se abate de repente sobre este ser, o medo se torna susto (*Erschrecken*); se o ameaçador ainda não é conhecido, mas tem o caráter da estranheza mais profunda, o medo se torna horror (*Grauen*). Se ele une em si ambos esses aspectos, então o medo se torna terror (*Entsetzen*). Em todos os casos, todas as diversas formas dessa tonalidade emotiva mostram que o homem, na sua própria abertura ao mundo, é constitutivamente "temeroso".

A única outra tonalidade emotiva que Heidegger examina em *Ser e Tempo* é a angústia, e é à angústia – e não ao medo – que é atribuída a posição de tonalidade emotiva fundamental. E, todavia, é precisamente em relação ao medo que Heidegger pode definir a natureza dela, distinguindo antes de mais nada "aquilo diante de que a angústia é angústia daquilo diante de que o medo é medo".[9] Enquanto o medo tem sempre a ver com alguma coisa, o "'diante de que' da angústia não é nunca um ente intramundano". Não apenas a ameaça que se produz aqui não tem o caráter de um possível dano por uma coisa ameaçadora, mas "o 'diante de que' da angústia é completamente indeterminado. Essa indeterminação não apenas deixa completamente indefinido de qual ente intra-

---

8. Ibid.
9. Ibid., p. 186.

mundano vem a ameaça, mas significa que, em geral, o ente intramundano é 'irrelevante'".[10] O "diante de que" da angústia não é um ente, mas o mundo como tal. A angústia é, portanto, a abertura originária do mundo enquanto mundo[11] e "somente porque a angústia determina já sempre latentemente o ser-no-mundo do homem, ele... pode sentir medo. O medo é uma angústia decaída no mundo, inautêntica e escondida para si mesma".[12]

Foi observado, não sem razão, que o primado da angústia em relação ao medo que Heidegger afirma pode ser facilmente invertido: em vez de definir o medo como uma angústia diminuída e decaída em um objeto, pode-se, de modo igualmente legítimo, definir a angústia como um medo privado do seu objeto. Se se tira do medo o seu objeto, ele se transforma em angústia. Nesse sentido, o medo seria a tonalidade emotiva fundamental, em que o homem já sempre está sob o risco de cair. Daí seu essencial significado político, que o constitui como aquilo em que o poder, ao menos a partir de Hobbes, procurou seu fundamento e sua justificação.

Tentemos desdobrar e prosseguir a análise de Heidegger. Significativo, na perspectiva que aqui nos interessa, é que o medo se refira sempre a uma "coisa", a um ente intramundano (no caso presente, ao menor dos entes, um vírus). Intramundano significa que ele perdeu toda relação com a abertura do mundo e existe, factícia e inexoravelmente, sem nenhuma possível transcendência. Se a estrutura do ser-no-mundo implica para Heidegger uma transcendência e uma abertura, é justamente essa mesma transcendência que entrega o Ser-aí à esfera da coisalidade. Ser-no-mundo significa, de fato, estar cooriginariamente referido às coisas que a abertura do mundo revela e faz aparecer.

---

10. Ibid.
11. Ibid., p. 187.
12. Ibid., p. 189.

Enquanto o animal, privado de mundo, não pode perceber um objeto como objeto, o homem, enquanto se abre a um mundo, pode ser destinado irremediavelmente a uma coisa enquanto coisa.

Daí a possibilidade originária do medo: ele é a tonalidade emotiva que se abre quando o homem, perdendo o nexo entre o mundo e as coisas, se encontra irremissivelmente entregue aos entes intramundanos e não pode dar conta da sua relação com uma "coisa", que se torna ameaçadora. Uma vez perdida a sua relação com o mundo, a "coisa" é em si mesma aterrorizante. O medo é a dimensão em que a humanidade cai quando se encontra entregue, como acontece na modernidade, a uma coisalidade irremediável. O ser assustador, a "coisa" que nos filmes de terror assalta e ameaça os homens, não é nesse sentido senão uma encarnação dessa inevitável coisalidade.

Daí também a sensação de impotência que define o medo. Quem sente medo tenta se proteger, de todas as formas e com todas os recursos possíveis, da coisa que o ameaça – por exemplo, usando máscara e fechando-se em casa –, mas isso não o tranquiliza de forma alguma, antes, torna ainda mais evidente e constante sua impotência para fazer frente à "coisa". Pode-se definir, nesse sentido, o medo como o oposto da vontade de potência: o caráter essencial do medo é uma vontade de impotência, o querer-ser-impotente perante a coisa que causa medo. Analogamente, para se tranquilizar, pode-se confiar em alguém a quem se reconhece certa autoridade na matéria – por exemplo, em um médico ou aos funcionários da defesa civil –, mas isso não abole de modo algum a sensação de insegurança que acompanha o medo, que é constitutivamente uma vontade de insegurança, um querer-ser-inseguro. E isso é tão verdadeiro que os próprios sujeitos que deveriam nos tranquilizar mantêm, em vez disso, a insegurança e não se cansam de lembrar, no interesse dos amedrontados, que o que causa medo não pode ser vencido e eliminado de uma vez por todas.

Como superar essa tonalidade emotiva fundamental, na qual o homem parece constitutivamente estar sempre se precipitando? Uma vez que o medo precede e antecipa o conhecimento e a reflexão, é inútil tentar convencer o amedrontado com provas e argumentos racionais: o medo é antes de tudo a impossibilidade de ter acesso a um raciocínio que não seja sugerido pelo próprio medo. Como escreve Heidegger, o medo "paralisa e faz perder a cabeça".[13] Assim, frente à epidemia, se viu que a publicação de dados e opiniões corretas provenientes de fontes respeitáveis era sistematicamente ignorada e deixada de lado em nome de outros dados e opiniões que não tentavam nem mesmo ser cientificamente confiáveis.

Dado o caráter originário do medo, só se poderia superá-lo se fosse possível ter acesso a uma dimensão igualmente originária. Uma tal dimensão existe e é a própria abertura de mundo, a única na qual as coisas podem aparecer e nos ameaçar. As coisas se tornam assustadoras porque esquecemos o seu copertencimento ao mundo que as transcende e, ao mesmo tempo, as torna presentes. A única possibilidade de separar a "coisa" do medo do qual ela parece inseparável é se lembrar da abertura em que ela já está sempre exposta e revelada. Não o raciocínio, mas a memória – o lembrar-se de si e do nosso ser no mundo – pode nos restituir o acesso a uma coisalidade livre do medo. A "coisa" que me aterroriza, embora invisível ao olhar, é, como todos os outros entes intramundanos – como esta árvore, este rio, este homem –, aberta na sua pura existência. É somente porque sou no mundo que as coisas podem aparecer para mim e, eventualmente, causar-me medo. Elas fazem parte do meu ser no mundo, e isso – e não uma coisalidade abstratamente separada e indevidamente erigida como soberano – dita as regras éticas e políticas do meu comportamento. Certamente, a árvore pode se romper e cair nas minhas costas, o rio, transbordar e alagar a região, e este homem,

13. Ibid., p. 141.

me bater de repente: se essa possibilidade se torna, de repente, real, um justo temor sugere as cautelas oportunas sem cair no pânico e sem perder a cabeça, deixando que outros fundem seu poder sobre meu medo e, transformando a emergência em uma norma estável, decidam a seu arbítrio o que posso ou não posso fazer e cancelem as regras que garantiam minha liberdade.

13 de julho de 2020

A vida nua e a vacina

Muitas vezes nas minhas intervenções precedentes evoquei a figura da vida nua. Parece-me, com efeito, que a pandemia mostra, além de qualquer dúvida possível, que a humanidade não acredita mais em nada a não ser na nua existência a ser preservada como tal a qualquer preço. A religião cristã com suas obras de amor e de misericórdia e com sua fé até o martírio, a ideologia política com sua incondicionada solidariedade, até mesmo a confiança no trabalho e no dinheiro parece ficar em segundo plano assim que a vida nua é ameaçada, mesmo que na forma de um risco cuja magnitude estatística é lábil e intencionalmente indeterminada.

É chegado o momento de precisar o sentido e a origem desse conceito. É necessário, para isso, recordar que o humano não é algo que se possa definir de uma vez por todas. Ele é antes o lugar de uma decisão histórica incessantemente atualizada, que fixa a cada vez os confins que separam o homem do animal, aquilo que no homem é humano daquilo que nele e fora dele não é humano. Quando Lineu procura para suas classificações uma marca característica que separe o homem dos primatas, ele tem que confessar não a conhecer e acaba colocando ao lado do nome genérico *homo* apenas o velho adágio filosófico: *nosce te ipsum*, conhece a ti mesmo. Este é o significado do termo *sapiens* que Lineu acrescentará na décima edição do *Sistema da natureza*: o homem é o animal que deve se reconhecer humano para sê-lo e deve por isso dividir – decidir – o humano daquilo que não o é.

Pode-se chamar de máquina antropológica o dispositivo através do qual essa decisão se realiza historicamente. A máquina funciona excluindo do homem a vida animal e produzindo o humano através dessa exclusão. Mas, para que a máquina possa funcionar, é preciso que a exclusão seja também uma inclusão, que entre os dois polos – o animal e o humano – haja uma articulação e um limiar que ao mesmo tempo os divide e os une. Essa articulação é a vida nua, isto é, uma vida que não é nem propriamente animal nem verdadeiramente humana, mas na qual se realiza a cada vez a decisão entre o humano e o não humano. Esse limiar, que passa necessariamente dentro do homem, separando nele a vida biológica da social, é uma abstração e uma virtualidade, mas uma abstração que se torna real encarnando-se a cada vez em figuras históricas concretas e politicamente determinadas: o escravo, o bárbaro, o *homo sacer*, que qualquer um pode matar sem cometer um delito, no mundo antigo; o *enfant-sauvage*, o homem-lobo e o *homo alalus* como elo perdido entre o macaco e o homem entre o Iluminismo e o século XIX; o cidadão no estado de exceção, o judeu no *Lager*, o paciente em estado de coma nas unidades de terapia intensiva e o corpo conservado para a retirada dos órgãos no século XX.

Qual é a figura da vida nua que está hoje em questão na gestão da pandemia? Não é tanto o doente, mesmo que ele seja isolado e tratado como nunca antes um paciente foi tratado na história da medicina; é, na verdade, o infectado ou – como é definido com uma fórmula contraditória – o doente assintomático, isto é, algo que qualquer homem é virtualmente, mesmo sem sabê-lo. Não é tanto a saúde que está em questão, mas uma vida nem saudável nem doente, que, como tal, enquanto potencialmente patógena, pode ser privada de suas liberdades e sujeita a proibições e controles de toda espécie. Todos os homens são, nesse sentido, virtualmente doentes assintomáticos. A única identidade dessa vida que oscila entre a doença e a saúde é ser o destinatário do teste e da vacina, que, como o batismo de uma nova religião, definem a figura invertida do que outrora se chamava cidadania. Batismo não mais indelével, mas necessariamente provisório e renovável, porque o neocidadão, que deverá sempre exibir o seu certificado, não tem mais direitos inalienáveis e indecidíveis, mas apenas obrigações que devem ser incessantemente decididas e atualizadas.

16 de abril de 2021

Gaia e Ctônia

I

Em grego clássico, a terra tem dois nomes, que correspondem a duas realidades distintas, se não opostas: *ge* (ou *gaia*) e *chthon*. Contrariamente a uma teoria hoje bastante difundida, os homens não habitam apenas *gaia*, mas tem sobretudo a ver com *chthon*, que em algumas narrativas míticas assume a forma de uma deusa, cujo nome é *Chthoníe*, Ctônia. Assim, a teologia de Ferécides de Siro lista inicialmente três divindades: Zeus, Chronos e Chtoníe e acrescenta que "a Chtoníe coube o nome de Ge, depois que Zeus lhe deu de presente a terra *(gen)*". Mesmo que a identidade da deusa permaneça indefinida, Ge é, aqui, em relação a ela, uma figura acessória, quase como um nome posterior de Chtonía. Não menos significativo é o fato de que em Homero os homens sejam definidos com o adjetivo *epichtonioi* (ctônios, que estão sobre *chthon*), enquanto o adjetivo *epigaios* ou *epigeios* se refere apenas às plantas e aos animais.

O fato é que *chthon* e *ge* denominam dois aspectos da terra por assim dizer geologicamente antitéticos: *chthon* é a face externa do mundo ínfero, a terra da superfície para baixo, *ge* é a terra da superfície para cima, a face que a terra volta para o céu. A essa diversidade estratigráfica corresponde a diversidade das práticas e das funções: *chthon* não é cultivável nem ninguém pode se nutrir dele, escapa à oposição cidade/campo e não é um bem que possa ser possuído; *ge*, ao contrário, como recorda enfaticamente o hino homérico epônimo, "nutre tudo o que está sobre *chthon*" (*epi chthoni*) e produz as colheitas e os bens que enriquecem os homens: para aqueles que *ge* honra com a sua benevolência, "os sulcos da gleba que dão vida são carregados de frutos, nos campos o gado prospera e a casa se enche de riquezas e eles governam com leis justas as cidades com belas mulheres" (v. 9-11).

A teogonia de Ferécides contém o mais antigo testemunho da relação entre Ge e Chthon, entre Gaia e Ctônia. Um fragmento conservado por Clemente de Alexandria define a natureza da ligação entre elas precisando que Zeus se une em núpcias com Chthoníe, e quando, segundo o rito nupcial dos *anakalypteria*, a noiva tira o véu e aparece nua para o noivo, Zeus a recobre com "um manto grande e belo", em que "bordou com várias cores Ge e Ogeno (Oceano)". Chthon, a terra ínfera, é, portanto, algo de abissal, que não pode se mostrar na sua nudez e a vestimenta com que o deus a recobre não é senão Gaia, a terra superior. Uma passagem do *Antro das ninfas* de Porfírio nos informa que Ferécides caracterizava a dimensão ctônia como profundidade, "falando de recessos (*mychous*), de fossos (*bothrous*) e de antros (*antra*)", concebidos como as portas (*thyras, pylas*) que as almas atravessam no nascimento e na morte. A terra é uma realidade dupla: Ctônia é o fundo informe e escondido que Gaia cobre com seu variado bordado de colinas, campos floridos, vilarejos, bosques e rebanhos.

Também na *Teogonia* de Hesíodo a terra tem duas faces. Gaia, "base firme de todas as coisas", é a primeira criatura do Chaos, mas o elemento ctônio é evocado imediatamente depois e, como em Ferécides, definido como o termo *mychos*: "o obscuro Tártaro nas profundezas da terra de amplas vias (*mychoi chthnos euryodeies*)". Onde a diferença estratigráfica entre os dois aspectos da terra aparece com maior clareza é no Hino Homérico a Deméter. Já no início, quando o poeta descreve a cena do rapto de Perséfone enquanto colhe flores, Gaia é evocada duas vezes, em ambos os casos como a superfície florida que a terra volta ao céu: "as rosas, os açafrões, as belas violetas em um tenro prado e as íris, os jacintos e os narcisos que Gaia faz crescer segundo a vontade de deus [...] ao perfume da flor todo o céu no alto e a terra sorriram". Mas, justo naquele instante, "*chthon* dos vastos caminhos escancarou-se (*chane*) na planície de Nísio e dali saiu (*orousen*) com os seus cavalos imortais o senhor de muitos hóspedes". O fato de que se trata de um movimento de baixo para a superfície é sublinhado pelo verbo *ornymi*, que quer dizer "surgir", "levantar", como se do fundo ctônio da terra o deus aflorasse em Gaia, a face da terra que olha para o céu. Mais à frente, quando é a própria Perséfone que narra a Deméter o seu rapto, o movimento se inverte e quem se abre é, ao contrário, Gaia (*gaia d'enerthe koresen*), para que "o senhor de muito hóspedes" pudesse arrastá-la para baixo da terra com seu carro de ouro (vv. 429-31). É como se a terra tivesse duas portas ou aberturas, uma que se abre das profundezas para Gea e uma que conduz de Gea para o abismo de Ctônia.

Na realidade, não se trata de duas portas, mas de um único limiar, que pertence inteiramente a *chthon*. O verbo com o qual o hino se refere a Gaia não é *chaino*, escancarar-se, mas *choreo*, que significa simplesmente "dar lugar". Gaia não se abre, mas dá lugar ao trânsito de Proserpina; a própria ideia de uma passagem entre o alto e o baixo, de uma profundidade (*profundus: altus et fundus*) é intimamente ctônia e, como a Sibila lembra a Enéas, a porta de Dis[1] é antes de tudo voltada para o submundo (*facilis descensos Averno...*). O termo latino que corresponde a *chthon* não é *tellus*, que designa uma extensão horizontal, mas *húmus*, que implica uma direção para baixo (cf. *humare*, sepultar), e é significativo que dele se tenha tirado o nome para o homem (*hominem appellari quia*

---

1. Dis, na *Divina Comédia* de Dante, é a cidade dos mortos (em italiano: *La città infuocata di Dite*).

sit humo natus). Que o homem seja "humano", isto é, terrestre, no mundo clássico não implica uma ligação com Gaia, com a superfície da terra que olha para o céu, mas sobretudo uma íntima conexão com a esfera ctônia da profundidade.

Que *chthon* evoque a ideia de um caminho e de uma passagem é evidente no adjetivo que em Homero e em Hesíodo acompanhava constantemente o termo: *euryodeia*, que somente pode ser traduzido por "de ampla via" se não se esquece que *odos* implica a ideia do trânsito na direção de uma meta, nesse caso, o mundo dos mortos, uma viagem que todos estão destinados a fazer (é possível que Virgílio escrevendo *facilis descensos* tenha-se lembrado da fórmula homérica).

Em Roma, uma abertura circular chamada *mundus*, que segundo a lenda tinha sido escavada por Rômulo no momento da fundação da cidade, colocava em comunicação o mundo dos vivos com o mundo ctônio dos mortos. A abertura, fechada com uma pedra chamada *manalis lapis*, era aberta três vezes ao ano, e nesses dias, nos quais se dizia que *mundus patet*, o mundo está aberto e "as coisas ocultas e escondidas da religião das mãos eram trazidas à luz e reveladas", quase todas as atividades públicas eram suspensas. Em um artigo exemplar, Vendryes mostrou que o significado original do nosso termo "mundo" não é, como sempre se sustentou, uma tradução do grego *cosmos*, mas deriva precisamente do limiar circular que revelava o "mundo" dos mortos. A cidade antiga se funda no "mundo" porque os homens moram na abertura que une a terra celeste e a subterrânea, o mundo dos vivos e o dos mortos, o presente e o passado, e é através da relação entre esses dois mundos que se torna possível para eles orientarem suas ações e encontrar inspiração para o futuro.

Não apenas o homem está ligado pelo próprio nome à esfera ctônia, mas também o seu mundo e o próprio horizonte da sua existência beiram os recessos de Ctônia. O homem é, no sentido literal do termo, um ser das profundidades.

II

Uma cultura ctônia por excelência é a etrusca. Quem percorre perplexo as necrópoles espalhadas pelos campos da Tuscia percebe imediatamente que os etruscos habitavam Ctônia e não Gaia, não só porque o que deles nos restou foi essencialmente o que tinha a ver com os mortos, mas também e sobretudo porque os lugares que escolheram para suas moradas – chamá-las de cidades é talvez impróprio –, mesmo que estejam em aparência sobre a superfície de Gaia, são na realidade *epichthonioi*, são casas nas profundezas verticais de *chthon*. Daí o gosto pelos antros e recessos escavados na pedra, daí a preferência pelos altos barrancos e desfiladeiros, as paredes íngremes de peperino que se precipitam em direção a um rio ou a um córrego. Aquele que se encontrou de repente em frente à Cava Buia perto de Blera ou nas vias encavadas na rocha em San Giuliano sabe que não se encontra mais na superfície de Gaia, mas certamente *ad portam inferi*, em uma das passagens que penetram nas ladeiras de Ctônia.

Também podemos exprimir esse caráter inconfundivelmente subterrâneo dos locais etruscos, se comparado com outros lugares da Itália, dizendo que o que temos diante dos olhos não é propriamente uma paisagem. A afável e habitual paisagem que se abraça serenamente com o olhar e só encontra limites no horizonte pertence a Gaia; na verticalidade ctônia toda paisagem se desfaz, todo horizonte desaparece e dá lugar ao rosto feroz e jamais visto da natureza. E aqui, nas valas rebeldes e nos precipícios, não saberemos o que fazer da paisagem, a região é mais tenaz e inflexível que qualquer paisagística *pietas* – às portas de Dis, o deus se tornou tão próximo e resistente que não exige mais religião.

É por essa inabalável devoção ctônica que os etruscos construíram e velaram com diligente cuidado as moradas dos seus mortos, e não, como se poderia pensar, o contrário. Não amavam a morte mais do que a vida, mas a vida era para eles inseparável da profundidade de Ctônia. Podiam habitar os vales de Gaia e cultivar os seus campos somente se não esqueciam jamais a sua verdadeira e vertical morada. Por isso, nas tumbas cavadas na rocha ou nos túmulos não lidamos apenas com os mortos, não imaginamos apenas os corpos deitados nos sarcófagos vazios, mas percebemos ao mesmo tempo os movimentos, os gestos, os desejos dos vivos que os construíram. Que a vida seja tanto mais amável quanto mais ternamente guarda em si a memória de Ctônia, que seja possível edificar uma civilidade sem jamais excluir a esfera dos mortos, que haja entre o presente e o passado e entre os viventes e os mortos uma intensa comunidade e uma continuidade ininterrupta – este é o legado que esse povo transmitiu à humanidade.

III

Em 1979, James E. Lovelock, químico inglês que tinha colaborado ativamente com os programas da NASA para as explorações espaciais, publicou *Gaia: a New Look at Life on Earth*.[2] No livro há uma hipótese que um artigo escrito com Lynn Margulis cinco anos antes para a revista *Tellus* tinha antecipado nestes termos: "o conjunto dos organismos viventes que constituem a biosfera pode agir como uma entidade singular para regular a composição química, o pH superficial e talvez também o clima. Chamamos de hipótese Gaia a concepção da biosfera como um sistema ativo de controle e adaptação, capaz de manter a terra em homeostase".[3]

---

2. Edição portuguesa: James Lovelock, *Gaia: um novo olhar sobre a vida na Terra*. Trad. Maria Georgina Segurado e Pedro Bernardo. Lisboa: Edições 70, 2020.
3. James E. Lovelock and Lynn Margulis, "Atmospheric homeostasis by and for the biosphere: the gaia hypothesis". In: *Tellus* XXVI (1974), 1-2.

A escolha do termo Gaia, que foi sugerida a Lovelock por William Golding – escritor que tinha descrito magistralmente a perversa vocação da humanidade no romance *Senhor das moscas*[4] – não é certamente casual: como o artigo precisa, os autores identificavam os limites da vida na atmosfera e se interessavam "somente em menor medida pelos limites internos constituídos pela interface entre as partes internas da terra, não sujeitas à influência dos processos de superfície" (p. 4). Não menos significativo é, todavia, um fato que os autores não parecem – ao menos naquele momento – considerar, ou seja, que a devastação e a contaminação de Gaia alcançaram seu nível máximo justamente quando os habitantes de Gaia decidiram extrair a energia necessária às suas novas e crescentes necessidades das profundezas de Ctônia, na forma daquele resíduo fóssil de milhões de seres viventes que viveram em passado remoto que chamamos de petróleo.

Segundo toda evidência, a identificação dos limites da biosfera com a superfície da terra e com a atmosfera não pode ser mantida: a biosfera não pode existir sem o intercâmbio e "a interface" com a tanatosfera ctônia, Gaia e Ctônia, os vivos e os mortos devem ser pensados conjuntamente.

O que aconteceu na modernidade é que os homens, de fato, esqueceram e recalcaram sua relação com a esfera ctônia, não habitam mais Chthon, mas apenas Gaia. Mas, quanto mais eliminavam da vida a esfera da morte, mais sua existência se tornava invivível; quanto mais perdiam toda familiaridade com as profundezas de Ctônia, reduzida como todo o resto a objeto de exploração, mais a amável superfície de Gaia era progressivamente envenenada e destruída. E o que temos hoje diante dos olhos é a extrema deriva desse recalcamento da morte: para salvar sua vida de uma suposta, confusa ameaça, os homens renunciam a

---

4. William Golding, *Senhor das moscas*. Trad. Sergio Flaksman. Rio de Janeiro: Alfaguara, 2014.

tudo aquilo que a torna digna de ser vivida. E no final, Gaia, a terra já sem profundidade, que perdeu toda memória da morada subterrânea dos mortos, está totalmente à mercê do medo e da morte. Desse medo poderão se curar apenas aqueles que reencontrarão a memória de sua dúplice morada, que lembrarão que a humanidade é apenas aquela vida em que Gaia e Ctônia permanecem inseparáveis e unidas.

Argumentum e silentio. Fala tu agora mais alto, palavra calada.

28 de dezembro de 2020

Dados Internacionais de Catalogação na Publicação (CIP) de acordo com ISBD

A259q   Agamben, Giorgio

        Em que ponto estamos: a epidemia como política / Giorgio Agamben ; traduzido por Cláudio Oliveira. – São Paulo : n-1 edições, 2021.
        128 p. ; 14cm x 21cm.

        Inclui índice.
        ISBN 978-65-86941-55-5

        1. Ciências políticas. 2. Pandemia. I. Oliveira, Cláudio. II. Título.

2021-3157   CDD 320
                                                    CDU 32

Elaborado por Vagner Rodolfo da Silva - CRB-8/9410

Índice para catálogo sistemático:

1. Ciências políticas 320
2. Ciências políticas 32

O livro como imagem do mundo é de toda maneira uma ideia insípida. Na verdade não basta dizer Viva o múltiplo, grito de resto difícil de emitir. Nenhuma habilidade tipográfica, lexical ou mesmo sintática será suficiente para fazê-lo ouvir. É preciso fazer o múltiplo, não acrescentando sempre uma dimensão superior, mas, ao contrário, da maneira mais simples, com força de sobriedade, no nível das dimensões de que se dispõe, sempre n-1 (é somente assim que o uno faz parte do múltiplo, estando sempre subtraído dele). Subtrair o único da multiplicidade a ser constituída; escrever a n-1.

Gilles Deleuze e Félix Guattari

n-1edicoes.org